Schwenningen
LUPFEN
977 m
Bad Dürrheim
Tuttlingen
DONAU
Engen
Stockach
Bonndorf
Überlingen
Singen
Radolfzell
Schaffhausen
Mainau
Büsingen
Reichenau
Konstanz
Rheinfall
Erzingen
Stein a. Rh.
Kreuzlingen
RHEIN
Frauenfeld
Sulgen
Wil
Winterthur

Grenzüberschreitungen
an Hoch- und Oberrhein

CIP-Titelaufnahme der Deutschen Bibliothek:

Grenzüberschreitungen an Hoch- und Oberrhein
Hrsg.: Georg Schmidt-Abels
Fotos: Helmut Hartwig
- Freiburg im Breisgau: Kehrer, 1991
ISBN 3-923937-82-2

Hrsg.: Georg Schmidt-Abels
Fotos: Helmut Hartwig
Beiträge: H.W. Ackermann, H. Ebeling, H. O. Fehr, M. Fortner, G. Gerteis, E. Huber, H. E. Huber, Jean, M. M. Jung, H. Kinder, G. Klein, H. Knaup, E. Maier, J. Meier, E. Müller-Ettikon, G. Muller, A. Muschg, H. Mutter, O. Raggenbass, M. Rieple, T. Schäfer, R. Schickele, G. Schmidt-Abels, M. Spörlin, H. Wink-Schneeberger, H. Ziegler
Satz und Bildverarbeitung: Kehrer Fotosatz KG, Freiburg i. Br.
Druck: Kehrer Offset KG, Freiburg i. Br.
ISBN 3-923937-82-2

Georg Schmidt-Abels (Hrsg.) · Helmut Hartwig (Fotografie)

Grenzüberschreitungen

an Hoch- und Oberrhein

Kehrer Verlag

Inhalt

„Worum trennt uns e Rhi?
Ass mir zeige chenne,
wie me Brucke bäut."

Lina Ritter

Georg Schmidt-Abels

Grenzüberschreitungen

Bald täglich lesen wir in der Zeitung von Grenzüberschreitungen, das Wort ist im Dreiländereck aus gutem Grunde sehr beliebt, es kommt in allen möglichen Zusammenhängen vor: So hat sich der Freiburger Gemeinderat in Mulhouse mit seinen dortigen Kollegen zu einer „grenzüberschreitenden Sitzung" getroffen und eine enge Zusammenarbeit vereinbart, die badisch-elsässischen Bürgerinitiativen haben in Marckolsheim gegen die Zerstörung des Rheinauewaldes durch neue Industrieansiedlungen protestiert, in Freiburg sind 16 Stadtoberhäupter aus Südbaden, dem Elsaß und der Nordschweiz zur „Oberrheinischen Bürgermeister-Konferenz" zusammengekommen, zwischen Appenweier und Straßburg hat eine „grenzüberschreitende Übung" der deutschen und französischen Polizei stattgefunden, als Ziel der Schaffhauser Kunstwochen wird „grenzüberschreitender Kulturaustausch" angegeben, das elsässische Dorf Michelbach-le-Haut ist Opfer eines „grenzüberschreitenden Mülltourismus" mit alten Autoreifen geworden, an einem anderen Tag wird gemeldet, daß Tausende Tonnen Haus- und Sondermüll in der Region täglich über die Grenzen wechseln, im Alemannischen Jahrbuch werden die Pendlerströme zwischen Baden und der Schweiz untersucht, an zweiter Stelle geht es um die „grenzüberschreitende Bedeutung einer Freizeitgroßanlage" (Europapark in Rust), in Straßburg wurde ein „Verkehrsforum Oberrhein" gegründet, um eine „grenzüberschreitende ökologische Verkehrspolitik" zu fördern, der Breisacher Künstler Helmut Lutz präsentiert Elemente seines Lebenswerkes „Sternenweg" auf der anderen Seite des Rheins in der sternförmigen Festungsanlage Neuf-Brisach („Hoffnungsstern für Grenzüberschreitungen"), und in der Umweltausstellung „Öko '90" wurde eine „grenzüberschreitende Solarpraxis" demonstriert.

So geht es am laufenden Band weiter, sei es, daß vom „Referat für grenzüberschreitende Zusammenarbeit" im Regierungspräsidium Freiburg eine stolze Bilanz kultureller Beziehungen mit den Nachbarn jenseits des Rheins vorgelegt wird oder die Universitäten in der Grenzregion eine engere Kooperation beschließen, sei es, daß schweizerische und deutsche Betriebe vermehrt die Vogesentäler als Produktionsstandort wählen oder ein „grenzüberschreitender Umweltschutz" diskutiert wird. Die Vielfalt ist kaum überschaubar, jedenfalls scheint das vielbeschworene Modell für ein vereintes Europa Gestalt anzunehmen. Und wir merken es ja ganz direkt, wenn wir heute unkontrolliert die Grenzen passieren können. Wir werden aber auch daran erinnert, daß es früher anders war. Von den Ruinen römischer Grenzkastelle bis zu den Trümmern der Westwallbunker stoßen wir immer wieder auf Spuren der Grenzlandgeschichte. Wir werden mit den Kriegen konfrontiert, erfahren aber auch von der Brüderlichkeit über die Grenzen hinweg. Und wenn heute in der Zeitung steht, daß an der „grünen Grenze" zwischen der Schweiz und der Bundesrepublik die illegale Einreise von Ausländern massiv zugenommen hat, gibt es schon wieder ein Thema für sich – eine Abschweifung zu verbotenen Grenzüberschreitungen und Schmugglergeschichten aus früheren Zeiten:

Wie war das zum Beispiel im Jahr 1848 mit den badischen Republikanern im Straßburger Exil? Der

Offenburger Karl Heinrich Schaible schildert, wie er in der Rolle eines elsässischen Pferdeschmugglers die Heimat besuchte oder wie das komische Abenteuer eines anderen Flüchtlings ausging, der im elsässischen Exil im Rhein zu schwimmen pflegte und vom Strom einmal so weit zum badischen Ufer hinübergetrieben wurde, daß er nicht mehr zurück konnte, sondern hier ans Land steigen mußte. Schließlich rannte er über die Kehler Rheinbrücke, vorbei an den Militärposten und Zollwächtern, die mit offenen Mündern den nackten Schnelläufer dahinsausen sahen. So kam er nach seiner wilden Jagd als zweifacher badischer Flüchtling wieder bei seinen Kleider an.

Mit solchen Fluchtabenteuern könnte man wahrscheinlich Bände füllen. Anekdoten, Episoden, Schicksale. Zum Beispiel, wie später während der Bismarckzeit sozialistische Schriften, unter den Kleidern verborgen, von Kreuzlingen nach Konstanz geschafft wurden. Das berichtet der badische Schuhmacher Joseph Belli in seinen Lebenserinnerungen. Den größten Teil schmuggelte seine Frau im Kinderwagen, doch bald konnten die Polster die Schriften nicht mehr fassen. Es folgten nächtliche Fahrten auf dem Bodensee mit der gefährlichen Fracht des „Sozialdemokraten" (einer verbotenen Zeitschrift), Landungen an unbewachten Stellen, Verstecke auf dem Kleeacker eines Genossen.

Der Schreinermeister Hermann Grießer, der ebenfalls für die „Rote Feldpost" tätig war und den „Staatsanzeiger" (so wurde der „Sozialdemokrat" auch genannt) auf geheimen Wegen über die Grenze am Untersee beförderte, beschreibt dieses Schmugglerdasein als „ein Leben voller Gefahr, hausend in des Waldes tiefsten Gründen, wie Rinaldini seiner Zeit. Gendarmen und Waldhüter waren für gewöhnlich meine ärgsten Feinde. Manchmal wollte ich fast verzweifeln am Erfolg meiner Arbeit. Und wenn ich so auf einem gefällten Baumstamm saß und mich stundenlang vor einem Häscher verbergen mußte, so kamen mir gar mancherlei Gedanken, und zum Philosophieren gab es Zeit genug. Die sichersten Zeiten waren nur die Nächte bei Sturm und Nebel. Welche Freude ich hatte, wenn wieder ein Transit glücklich ins Reich kam, wird jeder begreifen können. Große Genugtuung bereitete mir die Kunde, daß der ‚Staatsanzeiger' 2000 Abonnenten habe. Also doch nicht ganz umsonst hast du gearbeitet, dachte ich. Da der bisherige Weg ausgetreten war, so mußte wieder eine neue Fährte ausfindig gemacht werden. Ich hatte einen Grenzaufseher ausfindig gemacht. Für zeitweises ‚Blindsein' zahlten wir ihm pro Woche zehn Mark."

Und dann natürlich vor allem die illegalen Grenzüberschreitungen nach 1933 – die Flucht ins Schweizer Exil: „Doch als ich Schweizer Boden betrat, war mir, als müßte ich in die Knie sinken", so Annette Kolb über ihre Ankunft in Basel. Und der Waldkircher Schriftsteller Max Barth über die erste Station seines Exils (es führte ihn später noch durch viele andere Länder):

„Als es 1933 nötig wurde, Deutschland zu verlassen, war für mich das selbstverständliche Zufluchtsland die Schweiz. Das war alemannisches Land. Die Schweiz gehörte für uns, wie in geringerem Maß auch das Elsaß, zur engeren Heimat. Viele Familien hatten Freunde und Verwandte westlich und südlich des Rheins. Basel war für uns ebenso Teil unserer Landschaft wie Freiburg. Nun war es natürlich, daß man sich in das vertraute Land zurückzog, das man schon kannte... Das Exil: Leben unter Fremden; heimliche Grenzüberschreitungen; Sorgen und Kämpfe mit Behörden, bis man sicher war, bleiben zu dürfen, nicht über eine Grenze irgendwohin abgeschoben zu werden, womöglich gar, wie es manchen armen Teufeln ergangen ist, den Nazis ausgeliefert zu werden; Hunger; Geld pumpen, das man zum großen Teil in vielen Fällen nicht zurückzahlen konnte (aber die Illusion, es zu können, half einem, am Leben zu bleiben); Unterstützungen von Verwandten oder Freunden im Ausland und von Hilfskomitees (in einigen, nicht allen Zufluchtsländern); Seiltanzen am Abgrund, Selbstmord; Sehnsucht nach Deutschland; Sorgen um Deutschland; Leid und Scham über das, was die Nazis aus der Heimat machten, und die Schande, ein Deutscher zu sein. Wir, die nichts mit den Nazis zu tun hatten, als daß wir uns gegen ihr Heraufkommen gewehrt hatten, trugen zwölf Jahre lang im Ausland für die in der Heimat die Schande."

Ein Schauplatz vieler Fluchtgeschichten war damals der Badische Bahnhof mitten im Basler Stadtgebiet. Hier hat das Theater Basel vor zwei Jahren mit einer grenzüberschreitenden Aufführung an die „Kristallnacht" und an alle vom Nationalsozialismus Verfolgten erinnert.

„Sie besaßen oft kein Visum, rannten um ihr Leben, um illegal in die Schweiz einzureisen. Der Bahnsteig wurde für die einen zum Ort der Hoffnung und herbeigewünschten Ziel, für die anderen zum Ort der Angst und Ende jeder Hoffnung." So heißt es in einer Schrift des Theaters. Die Schauspieler agierten als Flüchtlinge verkleidet im normalen Bahnhofsbetrieb, so daß leicht auch aktuelle Bezüge hergestellt werden konnten, wie eine Basler Zeitung betonte:

„Als Zuschauer wandelt man, wie bei einer Prozession, durch die Gänge und wartet auf ein besonderes Ereignis. Alles bleibt still. Spiel und Realität beginnen sich zu vermischen. Man weiß nicht mehr, wer Schauspieler ist und wer nicht. Man hält plötzlich einen Passanten für einen Akteur, oder man hat auf einmal das Gefühl, selbst ein anonymer Flüchtling zu sein, der heimatlos umherirrt. Zwischendurch erschrecken einen dann die auf ihren Zug eilenden echten Reisenden, wenn sie fragen: Ist das hier eine Demonstration von Asylanten?"

Als günstige Gegend für heimliche Wechsel galt natürlich auch damals die „grüne Grenze" im Schaffhauser Hinterland. Der Gewerkschafter Willi Bleicher zum Beispiel ging hier 1933 in die Schweizer Emigration: „Die grüne Grenze war hermetisch durch die SA abgeriegelt, einen Paß hatte ich nicht und war von der Polizei gesucht. Es war kein Spaziergang, für mich selbst ein Wagnis und für meine zwei Begleiter gleichsam ein Opfergang. Morgens um 4 Uhr fuhren wir nach Engen, begleitet von einem Naturfreund, der den Grenzverlauf genau kannte, ebenso wie die Stunde, in der die SA abgelöst wurde. Innerhalb einer halben Stunde mußten wir über der Grenze sein, ehe die neue SA-Besatzung anrückte. Es gelang, aber alsbald liefen wir der Schweizer Grenzwache in die Hände, meine Begleiter hatten einen Paß, ich nicht. Es brauchte alle unsere Überredungskünste, daß sie uns passieren ließen."

Und aus dem Erlebnisbericht des jüdischen Flüchtlings Jichzak Schwersenz, der später in Tel Aviv ein Buch über „Jüdische Jugend im Untergrund" herausbrachte, spricht noch mehr die ganze Dramatik einer solchen Aktion an: „Unsere Grenzführer bedeuteten uns, ihnen nun schweigend zu folgen. Nach kurzem Marsch nahmen sie uns in einem tiefverschneiten Obstgarten die Pässe zur Rücksendung nach Berlin ab, ließen uns zur besseren Tarnung weiße Leinentücher überwerfen und beschrieben uns, mit der Erklärung, hier sei ihre Aufgabe abgeschlossen, den Weg, der uns nach ihrer

Schätzung in etwa einer halben Stunde über die Grenze bringen würde. Der nun folgende Schlußmarsch in tiefer Dunkelheit über einen steilen Bergrücken, und anfänglich auch noch in Sicht- und Hörweite des letzten deutschen Grenzpostens, forderte unseren Nerven das Letzte ab. Nicht nur wußten wir beide, daß die Grenze in dieser Gegend ganz unregelmäßig verlief, so daß des öfteren hier Flüchtlinge irrtümlich auf deutsches Gebiet zurück geraten und den Nazis in die Hände gelaufen waren. Wir wußten außerdem von Tausenden, die in der Vergangenheit von den Schweizer Grenzposten an die Deutschen ausgeliefert worden waren, weil nach den Worten der Schweizer Regierung das Rettungsboot schon überfüllt sei. Was wir allerdings nicht wußten, war, daß seither die Empörung der Schweizer Öffentlichkeit die Einstellung dieser Maßnahme, die ja einem Todesurteil gleichkam, bewirkt hatte."

Gegen Kriegsende schwoll der Flüchtlingsstrom immer mehr an. „Der Grenze entlang staute sich ein Völkergemisch aus ganz Europa, eine bunte Ansammlung von Kriegsgefangenen, Zwangsarbeitern, Deportierten, Ausgebombten, Wehrmachtsangehörigen und Zivilflüchtlingen aller Art", so ein Schweizer Offizier. „Tausende von Obdachlosen, verängstigt, ausgehungert und vom Leid gezeichnet, hasteten mit ihrer armseligen Habe unserem Land entgegen, alle von der einzigen Hoffnung aufgerichtet und vorwärts getrieben, eine offene Pforte in die rettende Schweiz zu finden."

Oft führen Grenzüberschreitungen von heute zu Parallelen in der Geschichte: So mutet das anfangs erwähnte Treffen der 16 Stadtoberhäupter wie eine Wiedergeburt des „Oberrheinischen Städtebundes" aus dem Mittelalter an. Und mit den Protesten der Umweltschützer gegen den Bau einer Zitronensäurefabrik in den Rheinwäldern bei Marckolsheim wird die Erinnerung an die 70er Jahre wach, als hier der Bau eines Bleichemiewerks verhindert wurde – und dann auch der Bau des Atomkraftwerks Wyhl. Die Namen Marckolsheim und Wyhl wurden ja damals zu Symbolen einer neuen Gemeinsamkeit von Menschen diesseits und jenseits des Rheins. Der Name Fessenheim kam dazu.

Ein Gefühl der Verbundenheit über die Grenze hinweg breitete sich aus, ein grenzüberschreitendes Heimatgefühl. Die Badener pilgerten hinüber nach Marckolsheim zum „Freundschaftshaus" auf dem besetzten Bauplatz, und später überquerten die Elsässer den Rhein, um in Wyhl dabeizusein. Zu einem „Symbol der transnationalen alemannischen Allianz" (so der Journalist Thomas Lehner) wurde damals die Pontonbrücke bei Sasbach, die heute durch eine neue, feste Brücke ersetzt ist. Walter Mossmanns „Bruckelied" von 1975 läßt noch einmal jene Verbrüderungsstimmung aufleben:

„Kunnsch riiwer uff Marckolse, kunnsch iiwer d Bruck
mr süffe im Frendschaftshüss noch ä Schluck
d Büre, d Fräuje, d Schtudente sin drbi
mr schwätze un bsetze
un gen nit in d Knie...
Es hät ämol ä Zitt gä, wo mir blind gsi sin
Es hät ämol ä Zitt gä, wo mir taub gsi sin
Es hät ämol ä Zitt gä, wo mir stumm gsi sin
Es hät ämol ä Zitt gä, wo mir KNECHT gsi sin
Hit ischs verwandlet
mr hän abandlet
mr kämpfe mitenandr ums Läwe..."

Und bald spielte sich ähnliches in Kaiseraugst bei Basel ab, wo mit dem Bau eines schweizerischen Atomkraftwerks begonnen werden sollte. In Scharen eilten Elsässer und Badener den Schweizern zu

Hilfe, um den Platz gegen die Atomlobby zu verteidigen. Auch hier wurde ein hölzerner Rundbau errichtet, ein „Freundschaftshaus", und man sang die gleichen Lieder wie in Marckolsheim und Wyhl.

Für ihre Grenzüberschreitungen haben die Autoren der „Dreyeckland-Bewegung" immer wieder neue Worte gefunden, sei es, daß sie „d'Granze ewer e Hüffe keijje un drum erum danze" (François Brumbt) oder „d'Gränze gschprängt hän" (Roland Burkhart). Und nach den ersten Jahren mit dem illegalen „Radio Grünes Fessenheim" hieß es: „Wir haben gelernt, mit der Grenze zu spielen, mal wird von den Vogesen, mal vom Schwarzwald, mal vom Kaiserstuhl aus gesendet, mal von überall her, Sender haben wir ja genug..." (Mireille Caselli).

Sie mußten aber auch gegen tiefverwurzelte Vorurteile kämpfen, gegen die lähmende Wirkung innerer Schlagbäume, gegen eine „unsichtbare Mauer, die uns hindert, auf so natürliche Weise zusammen zu kommen wie wir das wünschen"; so beschrieb Thomas Lehner nach der Gründung der „Kulturgenossenschaft Dreyeckland" eine persönliche Erfahrung, die ihm die Ernüchterung brachte:

„Es ist also eine Mauer im Kopf, die die jungen Elsässer abhält, zu uns zu kommen. Es ist die Vorstellung, daß hier nur fette, reiche *Schwowe* wohnen, daß alles glatt und kalt ist und nach Geld stinkt, kurz: daß die Leute hier so sind wie die, die am Sonntag in die elsässischen Lokale gehen, um sich vollzufressen und mit Markstücken um sich zu werfen.

Seltsam, diese Vorstellung beginnt auch auf mich überzugreifen. Ich habe Angst, wenn ich ins Elsaß komme, daß man mich mit diesen *Schwowe* verwechseln könnte, daß man mich verachtet, weil ich nicht französisch spreche. Zwar fahre ich keinen *Mercedes* und ich habe auch im Traum noch nie daran gedacht, das Elsaß heim ins Bundesdeutsche Reich zu holen. Im Gegenteil, ich schäme mich, wenn jemand von uns sagt, die Elsässer seien Deutsche, und ich ärgere mich, wenn meine Dorfgenossen die Elsässer Franzosen nennen. Seither komme ich seltener ins Elsaß und nur, wenn ich von Freunden eingeladen werde. Ich vermeide es auch, zum Essen hinüberzufahren. Auf einmal hemmt auch mich die Mauer, die doch eigentlich nur in den Köpfen der jungen Elsässer existiert..."

Daß die Grenzen manchmal doch noch nachwirken, „wenn auch mehr als Sprachbarriere oder als ein kognitives Phänomen im Bewußtsein der Bevölkerung", haben auch Mitarbeiter des Instituts für Kulturgeographie der Universität Freiburg festgestellt, als sie in einer Befragung über den Freizeitverkehr ermittelten, daß 23 Prozent der Elsässer im Laufe des letzten Jahres an keinem Tag im angrenzenden Ausland gewesen waren, während dieser Anteil bei Bewohnern der badischen und schweizerischen Teile des Dreiländereckes deutlich darunter lag. Abgesehen davon haben sich aber hier, wie Uwe Fichtner im „Freiburger Uni-Magazin" schreibt, die relativ offenen nationalen Grenzen stärker als anderswo auf den Freizeitverkehr ausgewirkt:

„Freizeitziele im grenznahen Ausland aufzusuchen, ist für die Bewohner am Oberrhein zu einer Selbstverständlichkeit geworden, wie der relativ hohe Anteil solcher Gäste an bestimmten Brennpunkten zeigt. Bei der größten Freizeitanlage in der Region, dem in der badischen Gemeinde Rust gelegenen Freizeitpark mit rund 1,6 Millionen Besuchern pro Jahr, stammen rund 27 Prozent der Gäste aus dem benachbarten Frankreich, etwa 22 Prozent kommen aus der Schweiz. Ohne offene nationale Grenzen könnten solche Einrichtungen nicht existieren.

Wie für die Bewohner der deutschen Rheinseite die Großstadt Basel ein beliebtes Ziel für kulturelle Aktivitäten oder einen Einkaufsbummel darstellt, so schätzen umgekehrt die benachbarten Schweizer Freizeitanlagen jenseits der Grenze. Gäste aus Frankreich sind am Titisee ebenso selbstverständlich wie deutsche Touristen in den Vogesen."

Bei solchen und ähnlichen Gelegenheiten tauchen dann schon mal Gedanken über die Grenze auf – was sie früher war und was sie heute ist, vielleicht auch, was sie morgen sein könnte. Dieses Buch soll dabei helfen, solche Gedanken weiterzuführen, es erzählt vom Hinüber und Herüber, vom Leiden an der Grenze, aber auch von den Chancen in einem faszinierenden Raum. Denn sieh, das Ferne liegt so nah…

Am Hochrhein bei Waldshut

Adolf Muschg

Alle Mannen, alle?

Lieber Hebel als Hebbel. Alemannisch ist: denken, der mit zwei b werde wie p ausgesprochen: Hepel. Wenn die Alemannen Egge hochdeutsch sagen, haben die Hochdeutschen Ecke gehört. Ich bin mit einer Hochdeutschen verheiratet. Sie redet hochdeutsch, weil sie Niederdeutsche ist. Wenn ich Bär sage, hört sie Bar; ohne Kontext wären wir verloren. Ich säge, sage ich, wenn ich etwas sage, und ich sage, sage ich, wenn ich etwas säge. Wäre ich Schreiner, meine Frau verstünde die Welt nicht mehr. Ich säge aber nur selten, und darum mit Betonung; mit Oberländer Betonung: ich saage, sage ich dann. Zürcher Oberland, nicht Berner. Auch wir Alemannen untereinander verstehen uns ja nicht immer. Nicht einmal beim Konjunktivgebrauch, den wir sonst wie einen Schatz hüten. Er hett gseit, heiße, er hätte gesagt, meinen die Zürcher, die Berner aber meinen, es heiße, er hat gesagt. Er hätt gseit, sagen die Berner, wenn sie sagen wollen, er hätte nur gesagt, habe aber nicht. Wir Zürcher hören dann: er hat doch gesagt. An solchen Hörfehlern hat die Ausbreitung der Reformation in der Schweiz gelitten. Einmal haben die Berner nur im Konditional für sie gestritten, einmal die Zürcher. Wahrscheinlich sind die Berner gar keine richtigen Alemannen. Uns trennt eine durch den Aargau laufende burgundische Sprachgrenze. Auf unserer Seite kennt man den einförmigen Verbalplural, die aufgebundenen Zöpfe und das Daumenmelken. Die auf der andern Seite kennen immer noch zwei Pluralformen, greifen beim Melken mit voller Hand zu, und ihre Mädchen lassen die Zöpfe hängen. Eins von beiden ist sicher nicht mehr ganz alemannisch. Wann die Burgunder jene Grenze mitten durch die Schweiz gezogen haben, ist freilich unklar. Die haben doch weiter unten am Rhein gesessen. Als Heldenvolk haben sie eigentlich Nibelungen geheißen. Noch eigentlicher waren die Nibelungen ein Zwergenvolk, ins Heldenhafte umgedeutet. Die Burgunder haben noch keinen Burgunder getrunken. Dafür mußten erst die Römer mit ihrem Weinbau kommen und die Burgunder in Frankreich untergehen. Ein andermal sind sie in Ungarn untergegangen, das ist die stärkere Variante. Uns ist in alten maeren/wunders vil geseit. Vor dem Untergang sollen sie viel Blut getrunken haben, eine einseitige Diät. Aber das Burgunderblut im Murtensee ist eine Alge und späteren Datums. Sie heißt nach der Schlacht bei Murten, bei der die Burgunder schon wieder untergingen. Die Burgunder sind aus dem Untergehen gar nicht herausgekommen. Die Schweizer sind stolz darauf, sie geschlagen zu haben, aber man kann diesen bisher letzten burgundischen Untergang auch als europäisches Unglück betrachten. Jedenfalls fand sich bei der 500-Jahr-Feier der Schlacht bei Murten kein schweizerischer Dichter, der das Ereignis zu feiern bereit war. Nachdenkliche Besucher der Ausstellung „Die Burgunder" fragten sich leise, ob wir als Nachkommen Karls des Kühnen nicht feinere Leute geworden wären denn als Nachkommen Wilhelm Tells. Die burgundische Sprachgrenze jedenfalls ist uns, wie mein Lehrer Prof. Hotzenköcherle bewiesen hat, wie durch ein Wunder geblieben. Hie Vollhandmelken, hie Daumenmelken. Hie die hüftlangen Zöpfe, dort die aufgebundenen Zöpfe. Französische Spielkarten in Dintikon, deutsche in Dottikon.

Was ist noch recht alemannisch an der Alemannia? An der in Aachen zum Beispiel? Wir alten Germanen haben es nicht mehr leicht mit unseren Stammesadressen. Die Franzosen halten einfach alle Deutschen für Alemannen. Aber wer sind die Franzosen? Untergegangene Franken. Die verbliebenen Franken sind hauptsächlich Bayern und sprechen kaum französisch. Sie trinken ein stark gesüßtes Getränk aus Bocksbeuteln und nennen es Frankenwein.

Wie man Franken zu Gold macht, wissen die Alemannen am besten. Wenn sie das Gold zurückbehalten, nennt man sie Gnomen. Sie sind aber nicht, wie die Nibelungen, ein Zwergenvolk, jedenfalls hören sie die Nachrede nicht gern. Die Alemannen sind stolz darauf, daß sie das Nibelungenlied ohne Übersetzung lesen können. Sie schließen daraus, daß im Mittelalter die deutsche Literatur alemannisch geklungen hat. „Getönt", sagen sie. Es war eine Blütezeit. Später gab es nur noch Johann Peter Hebels Alemannische Gedichte. Für Zürcher tönen sie eher baseldeutsch. Sind die Basler gute Alemannen? Für die meisten, die ich kenne, wäre die Vorstellung belustigend. Sie schreiben sich von einem Holländer namens Erasmus her, der die Torheit gelobt hat – die Torheit, das sind die andern. Wer ist noch Alemanne? Der letzte Empfänger des Hebel-Preises war ein bulgarischer Kosmopolit namens Canetti. Vielleicht war Joseph Victor Scheffel ein Alemanne. Er hat die Liebe eines Sankt Galler Mönchs zu einer Herzogin von Schwaben beschrieben, und wie die Hunnen die Gegend am Hochrhein brandschatzten. Vielleicht rühren wir Alemannen von solchen Ereignissen her. Dazwischen gab es dort, wo ich herkomme, noch die Schweizergeschichte, aber die ist jetzt nicht mehr so wichtig. Die Geschichte wird von den andern gemacht, während wir ihre Geschäfte besorgen. Wir denken nicht mehr so viel, oder gleich im Weltmaßstab. Mindestens europäisch denken wir schon. Meine Frau stammt aus Bremen. Sie denkt nicht daran, niedersächsisch zu denken. Es kommt vor, daß ich da einen kleinen Mangel empfinde. Wahrscheinlich empfinde ich ihn als Alemanne, trotz allem. Abgesehen davon, daß man mehr denken sollte, sollte man auch mehr fühlen, alemannisch zum Beispiel. Es wäre doch schön, zu einem Stamm zu gehören. Es muß ja nicht gerade ein Helden- oder Zwergenvolk sein. Wenn ich mich über die Schweiz ärgere, kommt es vor, daß ich trobriandrisch denke oder chinesisch. Ich wünsche mich zu einem Stamm, der keine Eifersucht kennt, oder zu einem, der das Pulver erfunden hat, ohne es als Schießpulver zu verwenden. Das hat es gegeben, Alemannen waren das nicht. Aber da über die Alemannen noch weniger bekannt ist als über uns selbst, könnte ich, bei deutlicher Unlust, Schweizer, Familienmann oder deutscher Literat zu sein, ja auch alemannisch zu denken versuchen. Alemannisch hieße dann: ein bißchen die Grenze überschreiten. Und es hieße: immer noch ein bißchen zu Hause sein. Es bitzli, meine ich. Wämmer na es bitzeli, wämmer na e chly, wämmer na es bitzeli luschtig sy. Nur nicht übertreiben. Nöd z'fescht. De Fritzli flügt es bitzli, hieß eins meiner Kinderbücher.

Bin ich Alemanne? Vestigia terrent, zu deutsch: eigentlich lieber nicht. Der Anschluß an die großdeutsche Blauäugigkeit, der den Deutschschweizern in meiner Jugend unter dem Titel „alemannisch" angeboten wurde, ist mir noch in dunkler Erinnerung. Dunkel wäre ich damals selbst lieber gewesen, nicht blond. Es war ein Dunkler, den die meisten

Mädchen der 4. Primarklasse am liebsten als Schatz gehabt hätten, um eine vermutlich alemannische Wendung zu gebrauchen. Wenn du wüßtest, wie ich dich lieben tüte! schrieb mir dafür eine, von der ich's nicht wissen wollte. Sie hatte lottrige Wollstrümpfe und gehörte nicht zu den Bräuten, wenn in Zollikon am rechten Zürichseeufer Kinderhochzeit gefeiert wurde. Die Bräute kamen aus besseren Häusern; solchen, die im schönen Mai 40 fluchtartig geräumt wurden zugunsten der Zweitwohnung im Alpenraum. Der galt damals als uneinnehmbar. Meine besseren Mitbürger liefen damals nicht vor den Deutschen davon, sie wollten nur den Krieg überleben. In den Kreisen, in denen meine Eltern verkehrten, war das unpopulär. Wir Kleinbürger wären zur Verteidigung bis zum letzten Mann verurteilt gewesen, günstigenfalls zur Evakuation in vorbereitete Lager, damit unsere Hausvorstände ohne Rücksicht auf ihre Familien kämpfen konnten. Mein Vater, ein pensionierter Primarlehrer, trug zu diesem Zweck eine gelbe Armbinde, die ihn als Bevollmächtigten und Ordner auswies. Die probierte ich manchmal an. Die Schweiz war, wie ich meinen Jugendbüchern entnahm, immer wieder durch Kinder gerettet worden.

In der Heimatkunde kamen die Alemannen vor, sie hatten sogar Zollikon gegründet: Hof des Zollo. Aber im Notfall war ich ein Helvetier, die waren vorher dagewesen und hatten erst ihre eigenen Dörfer verbrannt, Caesar beinahe geschlagen, bei Bibraete (58 v. Chr.), mit Hilfe ihrer Wagenburgen, und ihre Namen klangen besser als Zollo Divico! Orgetorix! (Heute würden sich meine Kinder in ähnlichem Fall auf Asterix besinnen.) Unser General – wir hatten nur einen, nur für den Notfall – redete französisch. Les Allemands, les armées allemandes – das waren wir nicht. Nicht mit uns. Die Alemannen – das waren die andern.

Unterdessen sind meine Haare nicht mehr blond oder braun, sondern grau wie die Kiesingers, nur nicht so schön glatt. Das Gefühl alemannischer Zusammengehörigkeit will nicht fühlbarer werden. Ich kann es stützen. Ich kann an den neuen Regionalismus denken, die Liedermacher, die Mundart, an Martin Walser, lauter erfreuliche Vorstellungen, gute alemannische Kunde. Die Gegenerinnerung will sich nicht verscheuchen lassen. Ein bißchen politisches Grün tut es mir auch im Frühling nicht. Ich mißtraue der eigenen Mundart, wenn sie sich zur Ideologie herausputzt (tat sie in den Dreißigerjahren schon einmal und wußte nicht, wollte nicht wissen, wieviel geborgt war an ihrer Eigen-Art) – wie könnte ich dem Versuch trauen, darauf eine neue Heimatfrömmigkeit zu bauen. Unter allen Grenzen, die ein Schweizer beim Verlassen der Schweiz überschreitet, ist die deutsche noch immer die merklichste: nicht nur, weil der Dialekt zwischen Kreuzlingen und Konstanz, Stein und Säckingen hörbar ändert – das auch. Sondern weil die Geringfügigkeit dieser Änderung dazu einladen könnte, die Grenze nicht wahrzuhaben, in Wohlwollen untergehen zu lassen. Dann meldet sich ein Reflex, sie zu *setzen* – kein aggressiver, kein bösartiger, aber ein geschichtlicher, will sagen: einer, der mit unseren Geschichten als Deutsche oder Schweizer zu tun hat. Da ich die Schweizer Geschichte nicht für eine des Ruhms halte – auch nicht, und oft am allerwenigsten, während der Nazizeit –, ist das keine pharisäische Abgrenzung, sondern eine zwischen Verwandten, die bis zum Gegenbeweis den Anspruch auf Familiarität verspielt haben: den Gegenbeweis aber leisten weder Schweizer noch Deutsche durch Artigkeit mit dem andern, sondern durch andere Umgangsformen mit sich selbst. Eine Grenze, über die geflohen wurde, und über die Flüchtlinge zurückgeschickt

Denkmal in Laufenburg

wurden, ist kein Platz für schnelle Fraternité, sonst wird sie zur Cochonnerie. Ich bin gegenüber alemannischem Verbrüderungsjuhee alemannisch humorlos. Ich weigere mich aufgrund der Tatsache, daß Blasmusiken, Fastnachtskomitees, Festreden und Schimpfwörter auf beiden Seiten des Rheins bekannt tönen, zu Vertraulichkeiten überzugehen. Ich mag auch Schweizer Blasmusiken nicht. Wirkliche Nachbarschaft – Nachbarschaft im Wirklichen – braucht nicht mit roten Backen unterstrichen zu werden. Für wen oder was soll ich jetzt auch noch ein Alemanne sein? Das klingt nach Verbindungsbruder auf der Ebene Verkehrsverein. Ich finde es angenehm, daß ich in Straßburg oder Freiburg meine Mundart reden kann und die Mundart meines Partners verstehe. Aber daraus möchte ich mir kein neues Selbstverständnis machen.

Einen Glanz des Alemannischen gibt es, den ich gut vertrage: den Glanz durch Abwesenheit. Wo große Lieder auf deutsche Stämme gesungen wurden, sind wir – ja: wir – eher nicht dabei.

Germane du! Korinthus' Buchten
Verteidige mit Wall und Schutz!
Achaia dann mit hundert Schluchten
Empfehl' ich, Gote, deinem Trutz.

Nach Elis ziehn der Franken Heere,
Messene sei der Sachsen Los,
Normanne reinige die Meere
Und Argolis erschaff' er groß.

Keine faustische Verheißung für die Alemannen, kein heilsgeschichtlicher Beruf – dafür nicht so viel Untergang. Wo sie hinkamen, da sitzen sie meist noch; was sie haben, haben sie. Ihre philosophische Untiefe widerlegen kann man nur, wie Heidegger, in der Zipfelmütze. Der glanzvollen Abwesenheit in der Geschichte entspricht eine vergleichsweise glanzlose Anwesenheit. Alemannen sind Binnenwanderer, wenn's hoch kommt; dabei gehen sie auf Sicherheit und verbreiten welche. Die Walserdörfer in Graubünden waren Stützpunkte landesherrlicher Ordnung, hoch über die unbotmäßigen Täler der Welschen gepflanzt. Da sitzen sie noch, sie haben die Täler germanisiert – ohne Sendungsbewußtsein, dafür waren sie zu arm. Nur durch glanzlose, aber tüchtige Anwesenheit. Ihre Kunst heißt: festhalten. Erst die karge Erde auf dem Felsen, und dann sich an dieser Erde. Sie sind da. Das ist so lange schön und ehrwürdig, als man daraus kein Lob des alemannischen Daseins zieht. Dann höre ich nur noch: Blasmusik.

Hätte ich einen deutschen Paß, so fiele es mir leichter – oder ich hätte mehr Lust dazu –, mich alemannisch zu fühlen. Ich könnte das Gefühl brauchen gegen allerlei forcierte Zugehörigkeiten: etwa diejenige zu einem deutschen Teilstaat. Oder zur Abgrenzung, etwa gegen Bayern. Gemeint wäre aber dann wohl eher: gegen Strauß und Stoiber. Und mit alemannisch meinte ich dann wohl auch: den grenzüberschreitenden Widerstand gegen heimatlose Kapitalverwertung, gegen Entwicklung um jeden Preis: also gegen Wyhl, Fessenheim, Kaiseraugst. Alemannisch würde dann heißen: lieber Stammheim bei Winterthur als Stammheim bei Stuttgart. Oder lieber Gerold Späth als Lothar Späth. Alemannisch hieße dann: nie mehr Wacht am Rhein. Es hieße: unbekümmert um Grenzen reden, wie einem der Schnabel gewachsen ist. Es hieße: jederzeit ein Stück weit auswandern, ohne den Boden zu verlieren – einen Boden, der schön ist wie jede Heimat, und das bedeutet für den Einheimischen: wie keine andere. Es hieße: eine Freundin in Basel oder Mülhausen, weil's nahe liegt. Es hieße: ohne staatlichen Segen irgendwo – nein: hier – dazugehören. Es heißt: Nachbarschaft schmuggeln. Dem Zöllner ein Schnippchen schlagen, ohne ihn als Menschen abzuschreiben – auch wenn er kein Auge zudrückt. Es heißt: Scheffels Ekkehard noch gelesen zu haben, ihn zitieren zu können, ohne ihn ein Leben lang gut zu finden. Es heißt, zu wissen, daß man Wyhl nicht „Wühl" ausspricht. Es heißt: sich wiedererkennen in Unerheblichem, das unersetzlich wird, weil man's gewohnt ist. Es heißt: zu „fremden", wenn Gesichtsformen der Heimat, die nicht schön sein müssen, weggeliftet, wegrationalisiert werden; sich für dieses Gefühl zu wehren und gegen jeden, der es einem ausreden oder abkaufen will. Es hieße – das heißt es. Vom Konjunktiv zuhanden deutscher Nachbarn bin ich in den Indikativ eigener Betroffenheit hineingerutscht; nicht als Alemanne, sondern als Nachbar. Aber legen wir das, was uns diese Nachbarschaft bedeutet, auf keine hohe Kante. „Alemannisch" ist für mich ein Wort auf der Kante. Es kippt, sobald man es ausspricht. Bestätigen wir, daß wir zusammengehören durch eine kleine Vorsicht im Ausdruck dieser Zusammengehörigkeit. Machen wir keine große Zusammengehörigkeit daraus, dann braucht auch die Vorsicht nicht groß zu werden. Lassen wir's dabei, daß Größe nichts Alemannisches sei. Sparsam, gell? Also: sparen wir das Wort. Oder wenn wir uns einmal etwas leisten wollen: schenken wir es einander.

Konstanz
Zollgrenzbezirk

Otto Raggenbass

Von Mensch zu Mensch

Nach dem 26. April 1945 war es an der Grenze auf der deutschen Seite still, während auf der Kreuzlinger Seite von Tag zu Tag mehr Neugierige aus allen Teilen des Landes zu Fuß, per Fahrrad, per Eisenbahn und Auto kamen, um zu schauen, wie der „Friede" aussah. Mit der Zeit kamen Bekannte und Verwandte aus aller Herren Länder nach Kreuzlingen mit dem sehnlichsten Wunsch, sich an der Grenze mit den Verwandten und Freunden zu treffen, wenn vorerst auch nur von einer Barriere zur anderen auf eine Distanz von 30 Metern und durch einen Lattenzaun hindurch. Es gab Szenen, die rührend waren. Es kam auch vor, daß am Grenzzaun zwischen den Grenzstraßen einzelne Leute sich durch die Latten und durch den Drahtverhau hindurch kleine Rendez-vous geben konnten. Das verärgerte dann irgendeine empfindliche Besatzungsstelle, so daß gegen Ende Mai plötzlich der Befehl erteilt wurde, daß von der Konstanzer Bucht der Grenze entlang bis an den Rhein ein 2 Meter hoher Bretterzaun erstellt werden müsse. Etwa 40 Meter lang stand die Brettermauer bereits, als das Bezirksamt Kreuzlingen davon Kenntnis erhielt. Ich wurde auf dem Gouvernement an der Seestraße sofort vorstellig und machte auf die Reaktion, die bei der Schweizer Bevölkerung und speziell in der Presse und im Radio erfolgen dürfte, aufmerksam, wenn der Plan tatsächlich durchgeführt werden sollte. Ich erklärte auch, daß eine solche Bretterwand eine Beleidigung der Schweizer wäre. Speziell die Drohung mit der Presse machte Eindruck. Auf alle Fälle: die Bretterwand wurde nicht weiter gebaut, sondern der bestehende Teil wieder entfernt.

Unsere Bemühungen, daß sich die Menschen über die Grenze hinweg wieder sehen und treffen sollten, wurden in temperament- und verständnisvoller Weise durch den damaligen Polizeikommandanten Oberstleutnant Ernst Haudenschild, Frauenfeld, unermüdlich unterstützt. Mit den beiden Hauptleuten des französischen Zollamtes und dem Chef des französischen Polizeidienstes konnte ich dann eine erste bedeutende Erleichterung über die Weihnachtszeit 1945 erwirken. An Berufstätige und Behörden wurden insgesamt 20 Grenzkarten, die von beiden Seiten unterzeichnet wurden, für den täglichen Übertritt herausgegeben. Für solche Personen, die im Landkreis Konstanz Liegenschaften besitzen, durften pro Woche, und für Personen, die in Konstanz nahe Verwandte hatten, pro Monat ein Grenzpassierschein, gültig für einen Tag, abgegeben werden. An Weihnachten 1945 konnten auf dem Paßbüro Kreuzlingen insgesamt 1860 Grenzpassierscheine abgegeben werden. Da es keinerlei Zwischenfälle gab, erreichten wir dann, daß man auch nach Neujahr auf Zusehen hin etwas großzügiger sein konnte.

Über Pfingsten 1946 (während der sogenannten Konstanzer Kulturwochen vom 1. bis 15. Juni) durften auch Personen, die nicht in der schweizerischen Grenzzone wohnhaft sind, mit einem Grenzpassierschein die Grenze nach Konstanz überschreiten. Der Zustrom war groß, was sich besonders auch deshalb erklären läßt, weil bis zu diesem Zeitpunkt die in Deutschland wohnhaften Menschen nur in den wenigsten Fällen von den Franzosen einen Laissez-Passer erhalten konnten. Über die Zeit der Konstanzer Kulturwochen herrschte vor dem Paßbüro und dem Kreuzlinger Tor ein Betrieb, als könnte man in Konstanz umsonst in den Himmel hineinschauen.

Es wurden an 16 Marktständen Grenzpassierscheine ausgestellt. Um das Gedränge zu mildern und die Ordnung aufrechterhalten zu können, mußte die Feuerwehr aufgeboten und die Ausgaberäume abgeseilt werden. In diesen wenigen Tagen wurden nahezu 50.000 Passierscheine verabfolgt.

Die Verhandlungen mit den Franzosen wegen des Grenzverkehrs und der Grenzgänger machten erfreuliche Fortschritte, so daß bereits ab September 1946 wieder deutsche Grenzanwohner die Arbeit in unseren Betrieben aufnehmen konnten.

Grenzübergang Konstanz / Kreuzlingen

Grenzgebiet zwischen Konstanz und Kreuzlingen

Kreuzlingen

Straßenbrücke bei Hemishofen

Bahnbrücke bei Hemishofen

Stellenantritt
für Ausländer in der Schweiz ohne
fremdenpolizeiliche Bewilligung
verboten
Bei Zuwiderhandlung Bestrafung und
Wegweisung.

Diessenhofen

Diessenhofen

Max Rieple

Büsingen – Diener zweier Herren

In einer Zeit, in der man von einem Vereinten Europa spricht und die Kontinente durch die Fluglinien näher und näher zusammenrücken, scheint uns das politische Gebilde einer Enklave wie ein Relikt aus dem Mittelalter. Viele kennen kaum noch den Begriff Enklave. Sie ist ein kleiner Teil eines Staates, der von einem anderen umschlossen wird. Vom Standpunkt des zu ihm gehörenden Hauptgebietes aus gesehen, wird aus der En- eine Exklave. Eine solche stellt auch das am rechten Rheinufer vor den Toren Schaffhausens gelegene deutsche Dorf Büsingen dar. Als im Jahre 1770 die zwischen Randegg und Büsingen gelegene Ortschaft Dörflingen an die Schweiz kam, entstand ein etwa 700 Meter breiter Geländestreifen, durch den das ehemals österreichische und dann deutsche Gebiet vom Mutterland abgeschnürt wurde: Büsingen war zur Exklave geworden.

Wegen seiner besonderen Lage wurde das kleine Territorium bereits im Jahre 1835 zum Zollausschlußgebiet erklärt. Kein Wunder, wenn es in dem von Zollschranken umgebenen Dorf heißt, die Kinder kämen bereits mit der Grenzkarte zur Welt. Die Abgeschlossenheit vom Mutterlande hatte viele Kuriosa zur Folge. So konnte man beispielsweise vor dem Kriege auf Büsinger Gemarkung das Benzin fast zum halben Preis kaufen. Während des Krieges durften Soldaten auf Urlaub nur als getarnte Zivilisten die Grenze passieren und in ihr Heimatdorf kommen. Deutsche und schweizerische Rationierungskarten galten gleichzeitig. Nach dem Kriege zahlte man deutsche Steuern und Briefmarken in Schweizer Franken, obwohl theoretisch die D-Mark als Währungseinheit galt. Die Exklavebewohner mußten zeitweise auf das deutsche und schweizerische „Kommando" hören. Kein Wunder, wenn es Berge von Literatur über Büsingen gibt, und auch führende Blätter in aller Welt sich mit diesen Problemen beschäftigten. Sogar Chruschtschow und der englische Labour-Party-Abgeordnete Parker interessierten sich eingehend für die Exklave. Nebenbei sei bemerkt, daß es außer Büsingen nur noch vier echte derartige völkerrechtlich anerkannte Gebilde gibt. Somit ist Büsingen in politischer Hinsicht etwas Besonderes, aber auch in landschaftlicher.

Auf unserer Fahrt westwärts von dem durch seine Heilstätten bekannt gewordenen Gailingen offenbart sich uns die ganze Gegend des Reiat als ein großer fruchtbarer Garten, der von der lebenspendenden Ader des Hochrheins durchflossen wird.

Ein kleines Zollhaus, das uns den Weg verlegen will, ist heute nur mehr eine historische Reminiszenz. Der Zöllner, der hier noch symbolisch seinen Dienst tut, scheint froh zu sein, in uns Gesprächspartner gefunden zu haben, mit denen er über Sorgen und Nöte der Enklave sprechen kann. Zur Bekräftigung seiner Auskünfte kramt er eine Niederschrift des deutsch-schweizerischen Staatsvertrages vom November 1964 hervor, mit dem das deutsche Hoheitsgebiet dem schweizerischen Zollgebiet eingegliedert wurde. Mit dieser langersehnten Abmachung hatte man sich eine Klärung der reichlich verworrenen Verhältnisse in diesem Grenzgebiet erhofft. Aber immer noch bleiben genug Probleme. So bekommen die Büsinger die Nachteile des Grenzgängertums deutlich zu spüren. Während früher die Bauern Milch und Eier auf dem Schaffhausener Markt absetzen konnten, sind sie heute mehr und mehr darauf angewiesen, ihr Brot als Arbeiter in der nahen Stadt zu verdienen. Gegen einen höheren Lohn nehmen sie den mangelnden Sozialschutz in Kauf.

Während wir noch sprechen, winkt der Zöllner einen Wagen ein, der neben der Autonummer das Kennzeichen „Büs" trägt, ein Unikum für ein Dorf von dieser Größe …

Hans Walter Ackermann

Flüchtlingswellen

Am 22. April 1945, um 16.00, übernahm ich mit dem 3. Zug der Füs. Kp. I/83 von einem Sappeurzug die Grenzbewachung beim sog. „Schwarzen Stein"*. Die Grenzlinie maß 4 km und war beinahe vollständig bewaldet. Die Sappeure anvertrauten uns gleich rund 300 russische Flüchtlinge, die aus dem Lager Villingen bei Blumberg entflohen waren. Mit 12 Mann hatte ich Grenzübertritte und Grenzverletzungen zu verhindern. Meine Leute waren z. T. in einer gut ausgebauten Jagdhütte, z. T. in einer Scheune in Oberbargen untergebracht. Von der Jagdhütte aus benötigten wir rund 30 Minuten zum „Schwarzen Stein", den ich erstmals um 16.30 erreichte. Dort stieß ich auf Hptm. Nänny, der ebenfalls den Grenzverlauf kennenlernen wollte und der die 300 Russen antraf, die nahe der Schweizer Grenze lagerten, am Lagerfeuer kochten und Hütten aus Tannenzweigen und Moos errichteten. Bald hatten wir einige Leute gefunden, die gebrochen Deutsch sprechen konnten. Die Russen schienen recht verängstigt; sie befürchteten, von den Deutschen ins Lager zurückgeholt zu werden, und baten um Asyl. Wir gingen von Lagerfeuer zu Lagerfeuer und sprachen den zerlumpten, hungrigen Menschen Mut zu. Unter den Flüchtlingen trafen wir Ukrainer, Tibeter, Sibirier, Indochinesen und Angehörige anderer asiatischer Völker. Während wir uns mit den Leuten noch unterhielten, ertönten plötzlich Schüsse. Mit lautem Geschrei und wildem Rufen rannten die Flüchtlinge über die Grenze in die schweizerischen Wälder. Hptm. Nänny und ich wandten sich der Gegend zu, aus der immer wilder geschossen wurde. Tannenäste und Dornen schlugen uns ins Gesicht. Keuchend, blutend und schweißtriefend, die entsicherte Pistole in der Hand, jagten wir durch den Wald. Da – ganz plötzlich erblickte ich einen deutschen Soldaten dicht vor mir im Gebüsch, einen Hund an seiner Seite. Heiser vor Aufregung und Anstrengung schrie ich dem Landser zu: „Hände hoch!" und hielt ihm meine Pistole auf die Brust, in der Erwartung, daß sich der Deutsche nicht ergeben würde. Doch dieser erhob zu meiner Überraschung sofort die Hände. Hptm. Nänny nahm dem Deutschen die Waffe ab. Erstaunlicherweise verhielt sich der Hund ruhig; dies dürfte ihm das Leben gerettet haben; denn wir waren entschlossen, den Hund bei der geringsten Angriffsbewegung sofort zu erschießen. Der Landser erklärte, daß er und seine Leute nur in die Luft geschossen hätten, um die Russen zusammenzutreiben und sie ins Lager nach Singen bringen zu können. Erleichtert atmeten wir auf. In einiger Entfernung erblickten wir noch einen bewaffneten Zivilisten, ebenfalls auf Schweizer Boden stehend. Ich entwaffnete den Mann, der die Aussagen des Landsers bestätigte. Wir begleiteten die beiden Deutschen über die Grenze und gaben ihnen die Waffen zurück. Wir sicherten den beiden zu, daß wir die Flüchtlinge vorläufig auf unserer Seite bewachen würden. Es näherten sich laut lärmend und schimpfend weitere bewaffnete Volks-

* Das Schaffhauser Land stößt bei Bargen und bei Altdorf weit in badisches Gebiet vor. Der nördlichste Punkt der Schweiz ist der „*Schwarze Stein*" nordwestlich von Bargen. Er erinnert daran, daß früher die Schaffhauser Scharfrichter die lebenslänglich verbannten Delinquenten bis zu dieser Stelle zu führen und ihnen zu eröffnen hatten, sie würden bei der Rückkehr in die Heimat ohne Gnade enthauptet. Dort war ein wichtiger Posten der Schweizer Grenzwache installiert.

sturmleute, die nach kurzer Diskussion wieder abzogen. Die Flüchtlinge, denen es nicht mehr gelungen war, rechtzeitig über die Grenze zu fliehen, nahmen sie mit sich. Kaum war die Gruppe unseren Blicken entschwunden, tauchte aus dem Wald ein neues Menschenrudel auf; es waren rund 20 Polen und 100 Serben, unter der Führung eines polnischen und eines serbischen Feldwebels. Es stellte sich heraus, daß auch diese Gruppe aus dem Lager Villingen entflohen war. Die Absicht dieser Leute war, sich zu den Franzosen durchzuschlagen. Sie traten deshalb nicht über die Grenze, sondern ließen sich hart daran nieder. Hptm. Nänny gab ihnen die Erlaubnis, bei Gefahr die Grenze zu überschreiten. Dann ließ er mich allein, um meinen Zug zu alarmieren. Endlich erschien ein Soldat meines Zuges und meldete, daß er auf dem Weg zur Grenze etwa 60 Wehrmachtsangehörige auf Schweizer Boden angetroffen habe, die um Internierung gebeten hätten. Ich befahl meinem Mann, die Leute zu mir zu führen. Sie waren bewaffnet und von einem Offizier geführt, der sich mir als Lt. T. aus Ludwigshafen korrekt vorstellte. Die Entwaffnung ging reibungslos vor sich; sie waren sehr gut bewaffnet und mit Munition versorgt. Hätten sie gewußt, daß ich nur in Begleitung eines einzigen Mannes war, hätten sie sich vermutlich nicht so einfach entwaffnen lassen. Unter den abgegebenen Waffen befanden sich auch 5 Stück der berühmten Panzerfäuste (ein infanteristisches Panzerabwehrgeschütz). Die Gruppe bestand aus 40 Wehrmachtsangehörigen, 10 Flaksoldaten, darunter eine Frau, 2 SS-Männern und einigen Grenzsoldaten. Nach der Entwaffnung wies ich den Deutschen einige Stellen, rund 100 m von der Grenze entfernt, zu, wo sie ein Lagerfeuer machen durften, um sich das Essen zubereiten zu können und für die Nacht ein warmes Plätzchen zu haben. Bald gesellten sich noch einige versprengte Deutsche zu der Gruppe hinzu. Alle wollten sich internieren lassen. Ich mußte den Leuten sagen, daß der Entscheid beim Bundesrat liege. So war ich mit meinen 12 Mann vor die Aufgabe gestellt, nicht nur einen bewaldeten Grenzstreifen von 4 km, sondern auch noch Hunderte von Flüchtlingen und einige Dutzend deutsche Soldaten zu bewachen. Und immer noch liefen fremde Leute auf die Lagerfeuer zu, meist Zivilisten deutscher Nation. Beim Einnachten war die Lage folgende: an der Grenze, noch auf deutschem Boden, lagerten 20 Polen und 100 Serben, die zu den Franzosen wollten; 100 m von der Grenze entfernt, auf Schweizer Boden, saßen deutsche Soldaten an den Lagerfeuern, von denen wiederum etwa 100 m entfernt rund 300 Russen lagerten. Ich war nun seit ca. 36 Stunden ununterbrochen auf den Beinen und hatte außerdem recht wenig gegessen. Ich setzte mich auf einen Baumstrunk. Endlich erschienen meine 3 Gruppen. Ich verteilte sie der Grenze entlang, rund um die Lagerfeuer der Deutschen und der Flüchtlinge. Kaum hatten sie ihre Stellungen bezogen, ertönten laute Rufe, Pfiffe und Kommandostimmen. Beim „Schwarzen Stein", wo sich die Gruppe „Ruch" befand, erfuhr ich, daß sich etwa 20 deutsche Soldaten hinter der rund 50 m von der Grenze entfernten Krete versteckt hätten. In gutem Deutsch war das Kommando „Zug ausbrechen, marsch!" zu hören. In der Dämmerung sahen wir, Kpl. Ruch (Herisau), seine 3 Füsiliere und ich, die Deutschen im Schwarm auf unsern Posten heranmarschieren. Sofort legten wir uns schußbereit in Deckung. Wir zählten tatsächlich 20 deutsche Soldaten. Als sie sich auf 20 m unserer Stellung genähert hatten, rief ich mit lauter Stimme: „Halt, schweizerische Grenzwache!" Die Deutschen blieben sofort stehen. Dann verlangte eine Stimme, offenbar die des Zugführers, einen Parlamentär zu uns schicken zu dürfen. Der Führer der deutschen Gruppe erklärte mir, er habe den Befehl, die Flüchtlinge bei uns abzuholen und nach Singen zu bringen. Ich lehnte die Auslieferung ab. Darauf erklärte der blutjunge Deutsche, er werde die Flüchtlinge mit seinen Leuten einfach mit Gewalt herausholen. Ich machte ihm klar, daß wir sofort das Feuer eröffnen würden, falls er versuchen sollte, die Schweizer Grenze zu überschreiten. Als ich dem Deutschen versicherte, daß die Flüchtlinge von uns bewacht und ev. interniert würden, schien er sich zufrieden zu geben. „Gut, dann hauen wir ab!", sagte er, „wir haben unsere Pflicht getan – die Hauptsache ist, daß die Russen unsern Bauern nicht alles wegstehlen!" Ich befahl alle 12 Mann des Zuges zur Verteidigung an den Waldrand beim „Schwarzen Stein", falls es den Deutschen einfallen sollte, uns überraschen zu wollen. Den Flüchtlingen gab ich den Befehl, sich still zu verhalten, und die Serben und Polen auf deutschem Gebiet ließ ich sicherheitshalber auf Schweizer Gebiet übertreten. Die beiden Feldwebel herrschten mit großer Disziplin, und sie versicherten mir, daß sie im Notfall mit uns kämpfen würden. Um Mitternacht traf die Bewilligung des Bundesrates für die Internierung der Russen ein. Von den 300 Russen waren allerdings nur noch rund die Hälfte da; die andern waren in ihrer Angst tief in die Wälder geflohen. Für den Rest der Nacht hatten wir Ruhe. Am Morgen des 23. 4. fand ich die Deutschen sehr niedergeschlagen. Sie wußten nicht, was sie tun sollten, um Internierung bitten oder versuchen, nach Singen zu kommen. Sie waren kampfesmüde und wollten am liebsten in der Schweiz bleiben. Ich ließ den Deutschen Wasser zukommen und erlaubte ihnen, sich innerhalb eines bestimmten Gebietes zu bewegen.

Emil Müller-Ettikon

Stromschnellen

Laufen ist ein alemannisches Wort für Stromschnelle oder Wasserfall. Viele Ortsnamen im alemannischen Raum bezeugen dies. Erinnern wir nur an das Schloß „Laufen" am Rheinfall bei Schaffhausen oder an Laufenburg, wo das Laufen ebenfalls dem Kraftwerksbau weichen mußte. Das Wort kann männlich und sächlich gebraucht werden, wir können also sowohl „der Laufen" als auch „das Laufen" sagen. Manchmal schreibt man es auch mit zwei f wie in „Lauffenmühle", wo das Wasser der Wutach über die Felsen stürzt. Das Zeitwort „laufen", von dem es natürlich übernommen wird, ist nicht alemannischen, sondern gemeingermanischen Ursprungs. Seine Herkunft ist noch nicht geklärt, doch bedeutet es zunächst „hüpfen, tanzen", wie das englische „to leap" noch „springen, hüpfen" besagt. Heute ist die Schnelligkeit, welche durch das Verb „laufen" ausgedrückt wird, in unserem Sprachgebrauch völlig verblaßt, so daß niemandes Ohr gestört wird, wenn davon gesprochen wird, daß die Oma gemütlich spazieren laufen will.

Den Namen „Laufen" haben also die Alemannen gegeben, als sie sich im 4. und 5. Jahrhundert in den Besitz unserer Heimat setzten. Doch vor ihnen schalteten die Römer als Herren auf beiden Seiten des Stromes. Und ein glücklicher Zufall will es, daß wir wissen, wie sie das Laufen nannten. Als sie nämlich das letzte Bauwerk in unserer Gegend errichteten, den Wachtturm auf dem schweizerischen Ufer gerade unterhalb der Stromschnellen, – es war im Jahre 372 – schrieben sie in einen Stein, daß der Turm unter Valentinian, Valens und Gratian hier erstellt wurde, und sie nannten den Ort „summa rapida", das ist: die oberste Stromschnelle. Demnach war das Laufen bei Laufenburg die mittlere, und das „Gewild" mit dem „Höllhaken" bei Rheinfelden die unterste Stromschnelle nach der Bezeichnung der Römer. Wie aber die Anwohner des Rheins diese Stromschnelle vor der römischen Besetzung nannten, ist unbekannt. Jedenfalls führte in frühester Zeit der uralte Handelsweg vom Genfer See durch das schweizerische Mittelland zur Donau hier über den Rhein. Die Kimbern müssen hier über den Strom gesetzt sein, als sie von den Donauquellen her zum Land der goldreichen, aber friedliebenden Helvetier zogen, denn es gab sonst keine Furt am ganzen Hochrhein. Und das Laufen war bei niedrigem Wasserstand leicht zu überqueren. Bis in die Mitte des Stromes konnte man trockenen Fußes gehen, dann mußten nur Baumstämme über die drei Rinnen geworfen werden.

Der Übergang war nur bei niederem Wasserstand möglich. Daher machten die Kadelburger später ein Gewerbe daraus, die Passanten jederzeit oberhalb des Laufens mit Fährbooten überzusetzen. Auch dieser Übergang war den Römern noch zu unsicher. Sie bauten ihre Brücken bei Zurzach, welche sie durch das Doppelkastell sicherten. Als diese mit dem römischen Reich zerfielen, diente hauptsächlich die Kadelburger Fähre dem Verkehr von einem Ufer zum anderen. Erst in unserem Jahrhundert sind dann die Brücken in Rheinheim und Waldshut-Koblenz erstellt worden.

Rheinübergang bei Waldshut / Koblenz

Schweizer Ufer am Rhein

Hans Wink-Schneeberger

Ein Fährmann erzählt

Ich übernahm als 16jähriger Jüngling den Fährdienst, „die Kehr" meines Vaters, als jener 1928 erkrankte und im Jahr darauf starb. Die Kehr war auf sechs Familien aufgeteilt und wurde an die Nachkommen vererbt. Für mich war es damals keine Frage, in die Fußstapfen meines Vaters zu treten, meine Kindheit war ohnehin eng mit dem Rhein verbunden. Die Fährmänner waren bei jedem Wetter verpflichtet, von morgens 5 Uhr bis nachts 10 Uhr Kundschaft über den Rhein zu befördern. Zwischendurch fuhr man zum Essen schnell nach Hause. Auch die Wirtschaften „Fährhaus" in Waldshut und damals „Frau Mendler" in Koblenz kamen auf ihre Rechnung, waren wir Fährmänner doch immer gern gesehene Gäste.

Das Fahrgeld kostete damals pro Person 10 Rappen, ebenfalls ein Fahrrad, Autos kosteten je nach Größe zwischen 2 bis 4 Franken, für Holzfuhren mit Pferdegespann mußten für Hin- und Rückfahrt 3 bis 5 Franken bezahlt werden.

Durch die rasante Verkehrsentwicklung konnte die Rheinfähre in Koblenz, damals übrigens noch die letzte Wagenfähre in der Schweiz, die Holzfuhren und Autos transportierte, dem großen Andrang nicht mehr standhalten. Die letzten Familiennamen der Fährleute bei der Aufhebung der Fähre 1932 hießen: Knecht, Schweri, Gassler, Kalt, Wink.

Die Fährrechte waren in Sechzehntel aufgeteilt und folgendermaßen vergeben:

Knecht Gottlieb, Landwirt	5/16
Schweri Karl, Landwirt	3/16
Gassler Karl, Fischer	2/16
Gassler Otto, Landwirt	2/16
Kalt Arnold, Landwirt	2/16
Witwe Wink, Sohn Hans	2/16

Das ergab im 4-Wochen-Wechsel 16/16 oder 8 mal 1/2 Woche 2/16 ergab 1/2 Woche: Jeden ersten Arbeitsmonat anfangs Woche 4 Tage, jeden 2. Arbeitsmonat Ende Woche 3 Tage.

So wußte jeder Fährmann auf Jahre hinaus, wann er verpflichtet war. Und von dieser Wochenunterteilung her kam auch der Name „Kehr".

Die ersten Gespräche zwischen der Schweiz und Deutschland wegen der Verkehrsverbindung über den Rhein fanden bereits im Jahre 1913 statt, und es bedurfte unzähliger weiterer Gespräche, Sitzungen und Konferenzen, bis am 1. September 1931 mit dem Bau der Rheinbrücke begonnen werden konnte. Den letzten Tag auf der Fähre werde ich wohl nie vergessen. Die letzte Fahrt – es tat mir schon ein wenig weh, daß nun unserer Fähre das letzte Stündchen geschlagen hatte. Die Fähre wurde noch im selben Jahr an das Kraftwerk in Laufenburg verkauft, wo sie für die Befestigungsarbeiten an den ausgeschwemmten Ufern eingesetzt wurde.

Waldshuter Fähre

Toni Schäfer

Das Miteinander gelernt

Die Menschen diesseits und jenseits des Hochrheins haben gelernt, nicht nur mit der Landesgrenze, sondern auch miteinander zu leben. Deutsche und Schweizer arbeiten in denselben Betrieben, kaufen in denselben Geschäften ein, sitzen in den Cafés nebeneinander, begegnen sich bei ihren Spaziergängen im Schwarzwald und treffen sich spätabends in denselben Spielkasinos und Nachtlokalen.

Daß die nachbarschaftlichen Beziehungen nicht zu allen Zeiten so gut waren wie heute, daran erinnern die Heimatfeste in Tiengen und Waldshut, deren Bürger sich im Mittelalter mehrfach gegen die einnehmerischen Eidgenossen wehren mußten und bis heute mit dem „Schwyzertag" und der „Chilbi" des glücklichen Ausgangs der Belagerung von 1415 und 1468, als angeblich durch ein Täuschungsmanöver ein einziger auf der Stadtmauer spazierengeführter Hammel 16 000 Schweizer nach mehrwöchigem Anrennen zur Umkehr bewegte, gedenken. So wie bei diesen Heimatfesten längst etwas anderes als die Rückbesinnung auf ihren geschichtlichen Ursprung in den Vordergrund gerückt ist, so hat sich in den folgenden Jahrhunderten, auch wenn es immer wieder einmal Tiefpunkte in den Beziehungen gab, das Verhältnis zwischen den deutschen und schweizerischen Nachbarn gewandelt. Man bekriegte sich nicht mehr, sondern arbeitete auf den unterschiedlichsten Gebieten zusammen und half, wenn Not herrschte, wie etwa nach dem Ende des Zweiten Weltkrieges, als Schweizer Nachbarn von Schleitheim bis Stein Verpflegungs- und Bekleidungsaktionen für Kinder auf der badischen Seite organisierten.

Auch heute braucht der eine den anderen, die Deutschen die Schweizer vielleicht mehr als umgekehrt. Beispiele für dieses gegenseitige Geben und Nehmen gibt es bereits im Mittelalter, als am Hochrhein eine wirtschaftlich bedeutende Eisenverhüttung entstand, die sich auf Juraeisenerze aus dem linksrheinischen Fricktal stützte. Die wichtigsten Schmelz- und Hammerwerke arbeiteten aber rechtsrheinisch am Fuße des Hotzenwaldes, wo ihnen der Holzreichtum des Schwarzwaldes und seine Wasserkräfte zur Verfügung standen. Die Bedeutung dieses inzwischen untergegangenen Eisengewerbes liegt zum einen darin, daß es die Industrieentwicklung am Hochrhein vorbereitet hat, zum anderen spielte es eine Vorreiterrolle grenzüberschreitender Zusammenarbeit – nicht nur, aber vornehmlich auf wirtschaftlichem Gebiet. Und dabei ist es bis heute geblieben.

Die Schweiz bietet den Deutschen Arbeitsplätze und Verdienstmöglichkeiten nicht nur zwischen Schaffhausen und Basel, sondern auch rechts des Rheins. Weit über 20.000 Deutsche aus dem Hochrheingebiet pendeln Tag für Tag ins Nachbarland zu ihrer Arbeitsstätte, wo sie wesentlich besser verdienen als zu Hause. Aber mindestens noch einmal so viele erhalten Lohn und Gehalt von schweizerischen Unternehmen in Deutschland: Bucher in Grießen, die Lonza in Waldshut, die Papierfabrik in Albbruck, Ciba-Geigy in Wehr und, als eines der ältesten, die Zwirnerei Untereggingen, für die 1876 ein Schweizer den Grundstein legte.

Dagegen profitiert eine andere Branche erst seit rund einem Jahrzehnt von der Finanzkraft der Eidgenossen: der deutsche Einzelhandel. Denn erst mit den drastischen Wechselkursänderungen zwischen Mark und Franken, zu denen sich noch die Mehrwertsteuerrückerstattung addiert, entdeckte der Schweizer das Einkaufsparadies am anderen Rheinufer. In Scharen pilgern sie heute dorthin; die Parkplätze in den deutschen Hochrheinstädtchen sind voll mit Personenwagen und Omnibussen mit schweizerischen Kennzeichen. Dabei ist es noch gar nicht so lange her, daß die Nachbarn ihren Bedarf fast ausschließlich im eigenen Land deckten, die Deutschen in regelrechten Karawanen die wenigen Grenzübergänge in Richtung Süden überquerten, um billig einzukaufen. Aber das war zu den Zeiten, als man für achtzig Pfennig einen Franken erhielt. Heute ist der Kurs praktisch genau umgekehrt, und eine reine Einkaufsfahrt in die Schweiz lohnt sich für den Deutschen nur noch in den seltensten Fällen. Nutznießer dieser Umkehr der Ströme war freilich auch die deutsche Gastronomie, wo jetzt, seit immer mehr Schweizer ihren Einkauf mit einem Ausflug und einer Einkehr verbinden, nicht nur die Schwarzwälder Kirschtorten weggehen wie warme Semmeln, sondern auch Zürcher Geschnetzeltes mit Rösti. Vieles, was Deutsche und Schweizer am Hochrhein verbindet, ist inzwischen zur Selbstverständlichkeit geworden: Radio- und Fernsehsendungen aus dem Nachbarland, der Rückbau der Zollschranken, die an manchen Grenzübergängen inzwischen gänzlich fehlen, aber auch die zehn grenzüberschreitenden Bahnlinien zwischen Konstanz und Basel. Die SBB fährt über deutsches Hoheitsgebiet, unterhält schweizerische Bahnhöfe mit schweizerischem Personal auf deutschem Boden, umgekehrt bietet die Deutsche Bundesbahn ihr Verkehrsmittel in der Schweiz an. In Bad Säckingen, Hohentengen und Klettgau arbeiten grenzüberschreitend Gemeinschaftskläranlagen, in die auch schweizerische Nachbarn ihre Abwässer einleiten. Schweizerische Kraftwerke am Hochrhein stellen in rund einem Drittel der Gemeinden des Landkreises Waldshut die elektrische Energieversorgung sicher.

Freilich treibt die Schweizer Wirtschaftsmacht auch ihre nicht überall gern gesehenen Blüten. So haben zwar die Schweizer mit dazu beigetragen, daß das „Hüsli" in Grafenhausen, Heimatmuseum des Landkreises und Wohnung von „Schwarzwaldklinik"-Professor Brinkmann, in die schwarzen Zahlen kam, sie sorgten aber auch für den Umsatz in den wie Pilze aus dem Boden schießenden Vergnügungsstätten am deutschen Rheinufer: Sexshops, Nachtlokale mit den unterschiedlichsten Angeboten und Spielcasinos, die nicht selten schneller geschlossen als eröffnet sind, weil die Polizei inzwischen ein besonders strenges Auge auf verbotene Glücksspiele hat.

Das ins Ausland verlagerte Nachtleben oder die Golfplatz-Pläne eines exklusiven schweizerischen Zirkels im deutschen Lottstetten sind derzeit aber die kleinsten Probleme, die geeignet wären, die Beziehungen zu belasten oder zumindest zu stören. Da ist zum Beispiel der Streit über Landpachten und -käufe von Schweizer Landwirten im deutschen Grenzgebiet, der sich zu einem regelrechten Bauernkrieg auszuwachsen drohte, weil immer mehr wertvolles Ackerland an Auswärtige ging, weil die Einheimischen beim Bieten nicht mithalten konnten. Er ist inzwischen zwar etwas entschärft worden, weil die Schweiz versprochen hat, ihre Subventionierungspolitik zu ändern. Welchen Wert aber derartige Versprechen haben, wird man nicht nur bei dieser Auseinandersetzung, sondern auch noch auf einem anderen Gebiet feststellen können: bei dem vom Flughafen Zürich ausgehenden und die Menschen im deutschen Grenzgebiet belastenden

Fluglärm. Der auf absehbare Zeit härtesten Prüfung wird das gutnachbarliche Verhältnis aber dadurch ausgesetzt, daß die Schweiz derzeit versucht, neben den drei Atomkraftwerken auf engstem Raum auch noch die Zwischenlager für radioaktiven Abfall in der Grenzregion unterzubringen – in einem Gebiet, das auch als Endlagerstätte für Atommüll noch nicht ausgeschieden ist.

Atomkraftwerk Leibstadt

Hermann Kinder

Herr Schwyzer im kleinen Grenzverkehr

Der Schweizer schlechthin, erst noch der Deutschschweizer, zumal der männliche Deutschnordostschweizer besteht, meint der alemannische Hausfreund, aus den merkwürdigsten Widersätzlichkeiten, ohne von diesen je – das macht seine eidgenössische Standfestigkeit – verrissen zu werden.

Herr Schwyzer hat gern Geld, gibt ungern welches aus, aber wenn, dann manchmal gehörig. Ein besonders knitzer Herr Schwyzer wollte, etwelche Stutz zu versparen, sein neues Auto selbst überführen, setzte sich also in den „Schweizerland" und reiste nach Norden. Mal ohne Weib, sagte sich Herr Schwyzer, verjubel ich die verdienten Franken und laß den Herrgott einen Gutentag sein. Also besuchte er im neuen Auto den Safaripark, wo ihm, da er nicht schnell genug den elektrischen Fensterheber fand, ein Elefant den Rüssel ins Auto und Gesicht steckte. Aber da war der Fensterheber gefunden, und der Elefant wurde schmerzlich in den Rüssel gezwickt, weshalb er bös mit diesem aufs neue Autodach schlug, was eine Totaldelle zur Folge hatte. Hin war der Wagen, groß die Angst vorm Weibe – da verhalf nur die Degustation eines deutschen guten Biers oder zweier. Gebührend schonend schaltend machte sich Herr Schwyzer darauf im lädierten Kraftwagen auf die Autoheimbahn, wo er überholt und angehalten wurde von der deutschen Polizei: Ob er denn wisse, daß sein Wagen einen Mangel und Dachschaden aufweise. Ja, freili, antwortete Herr Schwyzer, da habe ein Elefant draufgehaut. Soso, sagte der Beamte und hieß Herrn Schwyzer aussteigen und ins Röhrchen pusten. Und hin war der Wagen nicht nur, weg war der Führerschein. Die Angst vorm Weibe konnte nicht größer werden, so daß Herr Schwyzer, bevor er aus dem „Schweizerland" in die „Mittel-Thurgau-Bahn" umstieg, das Moulin Rouge aufsuchte, das damals war, wo heute Mc Donald ist. Kaum aber hatte Herr Schwyzer die guten Stücke der Kleider- und Tuch AG herab, da hatte ein wütiger Soldat der Franzosengarnison ein Bömbchen abgelegt vor dem Moulin Rouge, und rumbsdibums war Herr Schwyzer alles los, auch seinen Uswiis, so daß er sich, rußschwarz in schwarzer Nacht, nackend über die Grenze schlich und erwischt und mit 80 Franken streng verwarnt wurde.

Der Schweizer ist von der wilden Lust des reißenden Bergquells und gleichwohl von der zärtlichsten Schamhaftigkeit seiner Madonnen und Kälbli. Von der Singener Polizei erfuhr der alemannische Hausfreund dies: Ein ziemlich älterer Herr Schwyzer hatte jahrelang und allabendlich und viel zu teuer und noch bedroht von Razzien im Continental beobachtet, wie eine etwas dickliche Importin aus Bregenz sich, ohne daß jemalen etwas anderes geschehen wäre, eine ungeschälte Banane in das Höschen gesteckt hatte, was Herrn Schwyzer endlich fad wurde. Aber dann rollte aus dem Africoladeutschland die Sexwelle heran und der Oswald-Kolle-Film „Deine Frau das unbekannte Wesen" – und das wollte Herr Schwyzer doch sehen. Also besuchte er mit Banane und weitem Staubmantel die erste, noch leere Nachmittagsvorführung. Als das Licht wieder hellte, fand das Abreißfräulein Herrn Schwyzer leblos hintüber im angepulten

Kunststoffsessel liegen und schrie schrill wegen des wie vom Schlägle verzerrten Gesichtes, aus dessen todverzucktem Mund der Zahnersatz gerutscht war, auch wegen der Banane im bloßen Schoß. Es war aber nicht der Tod, sondern die wilde Lust. Und erweckt vom lauten Schrei des Fräuleins, schoß Herr Schwyzer auf, raffte in höchster Scham seinen Staubmantel und fegte hinaus und unter das Auto seines vorgeblich im Hegau wandernden Schwiegersohnes.

Der Schweizer ist ein uriger Bär und doch so bébélieb, erzählte dem alemannischen Hausfreund Tina, 27, vollbusig und Schweizerfachfrau in Friedrichshafen. Der Schwingerkönig von Innerrhoden war ein währschafter Schwyzer von 1,85 m im Quadrat. Alle schmiß er beim Hoselupf ins Sägmehl. Packte den Gegner hart an der Schwingerhose, stand walroßstier vorgebeugt kopfverkeilt, und mit einem Kehljodler hob und warf er den Herausforderer zur Erde, daß dessen Kreuz knackte; half ihm auf und klopfte dem Niederlieger kameradlich harsch das Sägmehl von der Schulter. Und dann setzte er sich ungeduscht in seinen plastikbeigen Toyota und fuhr mit der Fähre über den See. Und dann? Und dann, fuhr Tina fort, hatter im Hof son Ding zerlegt, weeßtc, sone Eiche oderwatt oder ooch zweie, bisdatt ihm de Muskeln am Platzen warn und hat gedampft wie Ali in der elften Runde. Naja, und dann? Mußtik ihn badn. Einfach so? Nee, klar nicht nur so, mußtik spitz schriftdeutsch dazu sagen: Du bist mein liebes kleines Butzeli. Und? Und die Brust geben? Nee, allet straff weg, weeßte, einkorsettiert wie im Stil von det Müttergenesungswerk. Nalos, und dann? Ja niks, et gelbe 1. Primarklasskäppli auf von der Schweizer Wegewacht oder Bankgesellschaft oder so. Weiter, weiter! Bißken wickeln mit echte Windeln, bißken cremen und pudern, weeßte, s Schwänzli lupfen und sagen: Eieiei. Aber denn kams ihm? Achwatt, dann pennte er ein. Und das ist alles? Ja, dachteste denn der Schweizer isn Papua oder son Gurkha? Und nu sag bloß noch, Du mußtest den mit dem Alphorn wecken? Achwatt, der war doch Sektionschef bei der PTT und war morgens längst teita.

Und dann liebt der Schweizer alles Saubere. Suber – das Wort mag er, wie der Schweizer gern sagt, saumäßig. Ein sauberes Weib, einen sauberen Betonflachbau, sauberen Wein, saubere Straßen, eine saubere Allparteienregierung, saubere Uniformen, eine saubere Presse und einen sauberen Sport – nur in der schmotzigen Buurefasnacht da vergreift sich Herr Schwyzer im geschlitzten Rock der dekorierten Bartöchter und schaut in der freisinnigen Schweizerischen Sex-Illustrierten nach, was ein sauber gepflegter Herr Schwyzer sonst noch alles heischen darf: das engere Löchli, das Mäuli, zwischen die Brüscht. Weil aber die Schweiz sauber bleiben muß, fährt Herr Schwyzer über die Grenze nach Je- oder Lottstetten und freut sich aufs engere Löchli, das Mäuli, die Brüscht. Aber das kantonspolizeiferne Sexlokal im Usland ist ihm doch nicht sauber genug. Ein rösches Schweizergirl hätte er lieber, und das Lavabo dünkt ihm veruriniert. Also geht Herr Schwyzer wieder, weil er in einen solchen Unrat seine sauberen Franken nicht hineintreten will. Guten Rat brachte da erst die Idee eines pfiffigen Lörrachers, indem er auf Videos Tessiner Cinquen innerschweizer Saaltöchter ins engere Löchli, ins Mäuli, zwerch die Brüscht. . . und Herr Schwyzer war augenblicklich dabei, korrekt für jeden Stoß eine Mark ins Luegisläbe-Schlitzli, eine saubere Sache, denn die Mark ist nur 80 Rappen wert, und das ergibt für Herrn Schwyzer einen sauberen Zustupf beim Gucken von 20 Prozent, bevor er wieder heimfährt über die Brücke und gottfroh ist, sauber geblieben zu sein unter den Huresauschwobe. Aber jetzt gibts Aids. Und Herr Schwyzer macht seine Grenze dicht. Der sauber verschweißte Postversand, warb den alemannischen Hausfreund der grenzlang größte Verleger, steigt springflutartig; 1000 dralle Pos – mit Leitartikel und Umschlag der BUNTEN sei der Renner dies- und jenseits der Grenze.

Von ausgemachter Internationalität schon im eigenen Land, von globaler Weitläufigkeit ist der Schweizer und von treuester Heimatverbundenheit; er siedelt zwischen Swiss Air und Schillers hohler Gasse; wie er eben auch ständischer Urdemokrat und ziviler Dauermilitär ist. Am 31. Juli ruderten vier aufrechte Schwyzer über den Rhein ans deutsche Ufer, um dort das Feuerwerk vorzubereiten, das anderntags die Eidgenossen beim Nationalfäscht an der Lände hochstimmen sollte. Nach getaner Arbeit erinnerten sich die Herren Schwyzer jenes noch so ganz gehorsam anschmiegsamen Thaimeidlis, von dem im Hochrhein-Anzeigenblatt annonciert worden war. Wie komme man, sagten sich die Herren Schwyzer, sonst so schnell nach Thailand, wohin man immer schon gewollt, und dies erscht noch günschtig, ebjä. Also ruderten sie ans aargauische Ufer zurück, nahmen dort ein Schaumbad und einen kräftigen Ufsteller zu sich und Sackgeld. Wieder hinübergerudert an Badens Strand, entdeckten sie die fernöstliche Liegenschaft tatsächlich im Hinterwesen eines „Adler", „Kreuz" oder „Deutsches Heer". Mochte es auch die älteste Tochter der Königin Sirikit sein, so war doch die Sinnenfülle Thailands ausschnittsweise greifbar nah. So weit so gut. Auch gut noch, daß das verführerische Asien ihnen ein geistliches Getränk ums Zehnfache verfuggern wollte, denn jedes Geschäft, weiß Herr Schwyzer, hat seinen Preis. Aber nicht mehr gut, daß es ein huresüeßer saudütscher Wein sein sollte, sell suft Herr Schwyzer nicht, ebnüt! Also schickten die vier Schwyzer einen der ihren heim übers Wasser, einen rächten Schwiizerwein zu holen, während die übrigen sich um die Thaikatz scharten und taten, was Schwyzer tun, wenn sie einen Kiel rauchen und sich aufs Zweierli freuen – sie sangen vaterländisch. Bis außer Atem der Weinknecht wieder flaschenvoll zurückgerudert kam. Aber – biim Tüüfel – das war, das war doch gewiß ein, ein gemeiner coop-Fendant! Ja, einen Fendant hatte der Siech, der welsche, der katholische, gebracht, wo Herr Schwyzer, wenn rächt gefäschtet wird, einen Ostschweizer Beerli konsumiert. Also ließen die rächten Schwyzer den Fendant-Schwyzer nolensvolens zurück bei der Thaigerkatz, um abermals heimzurudern und einen besseren Ostschweizer Tropfen zu besorgen. Nun zog aber der eine einen Iselisberger, der zweite einen Hallauer, der dritte einen Eglisauer aus seinem Keller, worüber sich die drei an der Lände so zerstritten, daß sie sich gegenseitig mannhaft verweigerten, mit einem der anderen cheiben Schofsäckel in einem Boot über den Rhein zu schiffen, zumal es soweit gekommen war, daß sie ihren militärischen Rang in die Waagschale ihres Zungenurteils geworfen hatten. Währenddessen füllten dem von der Thaiprinzessin längst stehengelassenen Herrn Schwyzer die Fendant-Zweierli den Kragen. Doppelt sah er, wie das Datum seiner swiss-watch auf den 1. August umsprang. Und er machte sich auf den Weg und aus dem „Kreuz" oder „Deutsches Heer". Gleichzeitig setzten sich an der Schweizer Schiffslände die drei anderen wortlos ein jeglicher in sein Boot, um mit seinem Iselisberger, Eglisauer, Hallauer das asiatische Abenteuer zum guten Ende zu bringen. Kaum waren sie in verknurrtem Abstand bis in die Mitte des Stromes gelangt, als das Fendantfaß den Feuerwerkplatz erreicht hatte und im Wahn, es sei der dunkle Abend des 1. August, alle pyrotechnischen Buketts auf einen, aber schrägen Schlag entzündete, so daß den drei Beerlipatrioten die Raketen um den Grind heulten, und sie verschreckt ins schwarze Wasser juckten, wo sie, vaterländisch bis zuletzt, im Schein des Nationalfeuers das Schweizerlied anstimmten und ertranken.

Ob der alemannische Hausfreund sich einen solchen Erfolg der neuerlichen vaterländischen Bestrebungen des Ersten und des Zweiten deutschen Fernsehens nach Programmschluß etwa bei den Badenern und Schwaben an beiden sauren Ufern des Neckars wünschen soll, weiß er nicht so recht.

Josef Meier/Georg Gerteis

DIE NARRO-ALT-FISCHERZUNFT 1386 LAUFENBURG

Der Haupterwerb der alten Laufenburger war von jeher die Fischerei und die Flößerei. Schon in grauer Vorzeit haben am rauschenden Strom die Ureinwohner auf den Salm gelauert, der aus dem Meere kommend zur Laichzeit den Strom heraufschwamm und in Laufenburg, bedingt durch die Stromschnellen, stehenblieb und so gut gefangen werden konnte. Durch den Bau des Kraftwerkes (1908–1914) hatte die Salmenfischerei ihr Ende gefunden. Das Kraftwerk kaufte die Fischereirechte in Kleinlaufenburg mit 210.000 Mark und in Großlaufenburg mit 160.000 Franken los.

Die Stromschnellen, „Laufen" genannt, bildeten auch für die Schiffahrt ein großes Hindernis. Alle Schiffe und Flöße, welche den Rhein hinunterfuhren, mußten oberhalb der Stadt beim am linken Ufer befindlichen Landeplatz „Giessen" anhalten. Die Schiffe wurden entladen, und die Karrer fuhren die Waren zum „Schäffigen". Die Schiffe aber wurden, wenn es der Wasserstand erlaubte, durch den „Laufen" hinuntergeseilt und im „Schäffigen" wieder beladen. Die Flöße wurden aufgelöst, die einzelnen Stämme durch den „Laufen" gelassen, im „Schäffigen" eingefangen und wieder zu einem Floß gebunden. Diese Arbeit wurde von den Laufenknechten durchgeführt. Fischerei wie Flößerei waren gefährliche Arbeiten, die alljährlich ihre Opfer forderten.

Alle diese Männer waren in Zünften oder in Bruderschaften zusammengeschlossen. Zur Winterszeit war die Fischerei und Flößerei nicht so streng. Während der Fasnachtszeit aber fanden sie Abwechslung in ihrem schweren Beruf, denn sie waren es, die die beiden alten Fasnachtsbräuche von ihren Vorfahren übernommen hatten und von Generation zu Generation der Nachwelt weitergaben.

Unter österreichischer Herrschaft waren die beiden Laufenburg noch eine Stadt. Im Jahre 1801 teilte Napoleon durch seinen Machtspruch die Stadt in zwei Teile. Die „mehrere" Stadt kam zur Schweiz, die „mindere" zum Großherzogtum Baden. Die Fasnacht aber konnte er nicht teilen. Weiterhin wurde gemeinsam Fasnacht gemacht.

Laufenburg

Edgar Maier/Hubert Mutter

Die Fasnachtstage in Laufenburg

Ist die Weihnachtszeit vorbei und hat das neue Jahr begonnen, so fängt es bei jedem echten Laufenburger langsam aber sicher immer mehr an zu „jäsen", denn die „fünfte" Jahreszeit, die Fasnacht, steht vor der Tür. Fast das ganze Denken ist nur noch auf diese hohe Zeit gerichtet. Bald müssen die Trommeln gespannt werden. Die Tschättermusikinstrumente werden abgestaubt und gestimmt. Bei den Narronen fangen die Frauen an, die Rüschen zu stärken und zu bügeln. Das Gwändle und die Larve werden endlich aus dem tiefen Schlaf herausgerissen.

Mit dem 1. Faißen beginnt bereits, drei Donnerstage vor Aschermittwoch, die Fasnacht. In der Nacht vom Mittwoch auf den besagten Donnerstag können manche Kinder vor Aufregung kaum schlafen, um ja die Morgen-Tschättermusik, die in der „mehreren" Stadt um 5.15 Uhr und in der „minderen" um 6 Uhr beginnt, nicht zu verpassen. Auf dem Weg zu den Versammlungsorten, Wasentor und Waldtor, soll es mucksmäuschenstill sein. Früher war es strengstens verboten, sich vor dem Betzeitläuten auf der Straße zu zeigen und Lärm zu machen. Beim Eintreffen erschallt durch die ruhige Nacht ein dreifach kräftiges Narri! Narro! Pünktlich auf die Sekunde heißt es: „Tschättermusik marsch". Gewaltig und mit ohrenbetäubenden Schlägen im Text der „D' Mülleri, hät, sie hät..." beginnt sie, die Tschättermusik – und die Laufenburger Fasnacht. Mit langsamen Schritten zwängt sich der Zug durch die engen Gassen der Stadt. Gemessenen Schrittes geht es städtleauf und städtleab, mit Trommeln, Pauken, Trompeten, alten Pfannendeckeln, Eisenstücken, Sägeblättern, Eisenröhren und alten Töpfen, alles was Lärm macht. Die Tschättermusik in der Altstadt klingt unheimlich schön in ihrem monotonen Gleichklang. Sie klingt wie ein dumpfes Grollen, und es öffnet ihre Klangfülle zu einem fröhlichen Ruf, daß die Fasnacht begonnen hat. Nach anstrengender Tschättermusik freut man sich auf die köstliche und dampfende Mehlsuppe, die als Belohnung von den Wirtsleuten gratis abgegeben wird. Schön ist auch der anschließende Hock, bei dem jung und alt, Männlein und Weiblein zusammensitzen und – wie könnte es anders sein – über die kommenden Fasnachtstage diskutieren.

Am Nachmittag zieht der Narrensamen durch die Straßen und Gassen, kostümiert oder maskiert, wird in den Geschäften ein Liedlein vorgetragen, und die Besitzer honorieren dies mit kleinen Schleckereien. Gegen Abend wird für die Kleinen eine Kinder-Tschättermusik durchgeführt, damit sie sich schon von klein auf an diesen Takt gewöhnen können...

Zur Abendstunde trifft man sich zur ersten gemeinsamen Tschättermusik durch beide Laufenburg. Es wird darauf geachtet, daß die beiden Züge von der „mehreren" und „minderen" Stadt gleichzeitig am Brückenkopf auf schweizerischer Seite zusammentreffen. Gelingt dies, so ist das ein gutes Omen für die kommenden Tage. Anschließend findet das traditionelle Hauptbott der Narro-Alt-Fischerzunft 1386 statt, ein Höhepunkt für die Zunft, der abwechselnd einmal auf der schweizerischen und einmal auf der badischen Seite durchgeführt wird.

Laufenburg

Deutsches Kriegerdenkmal in Laufenburg

Laufenburg

Der Rhein bei Bad Säckingen

Säckinger Rheinbrücke

Hans Otto Fehr

Das Debakel um die Säckinger Rheinbrücke

Bad Säckingens Bürgermeister Günther Nufer sah keinen anderen Ausweg: Er mußte die für den 12. Oktober vorgesehenen Feierlichkeiten zur Wiederherstellung der berühmten über 400 Jahre alten Rheinbrücke kurzerhand absagen. Zu stark waren Unmut, ja Empörung in der Bevölkerung laut geworden, die das fast vollendete Sanierungswerk zuletzt mit schrillen Tönen begleitet hatten.

In der Lokalpresse machte sich vielfältig die allgemeine Mißstimmung kräftig Luft. „Neben der so schön renovierten Altstadt sieht die Brücke richtig schäbig und unfertig aus." „Das Wahrzeichen von Säckingen – ein Trauerspiel." „Ein unansehnlicher, dunkler Schlauch, es tut einem weh, wenn man darübergehen muß."

Aber auch die Politiker machten mobil: Die CDU kritisierte die Verdunkelung der Brücke, sprach von einem stark verschalten Loch und resümierte: „So nimmt die Bevölkerung die Brücke nicht ab." Rechenschaft und Aufschluß von den Verantwortlichen sowie Vorschläge zur Behebung der Fehler wurden gefordert.

Dabei ist alles im Grunde nach Plan gelaufen: Nach monatelangen Untersuchungen der Brücke, die zahlreiche Schäden zu Tage brachten, beauftragte der Gemeinderat im Dezember letzten Jahres eine anerkannte Fachfirma mit den Sanierungsarbeiten der ältesten und längsten Holzbrücke Europas, deutsche und Schweizer Denkmalschützer wurden herangezogen, mehrere Brückenkommissionen gegründet, die ein Mitspracherecht hatten. Die vorläufigen Kosten wurden auf 670 000 Mark geschätzt, inzwischen liegen sie bei weit über einer Million.

Einziges und erklärtes Ziel der Arbeiten war die Erhaltung der Brücke. Dabei herrschte unter allen Beteiligten, wenn man den zuständigen Denkmalpfleger aus Freiburg, Gernot Vilmar, hört, stets volle Einigkeit. Selten sei ein Kulturdenkmal so detailliert besprochen worden, die Zusammenarbeit auch mit den Schweizern habe vorzüglich funktioniert, die Denkmalpflege sei mit dem Erreichten voll zufrieden. Daß jetzt vor der Beendigung der Sanierung eine Nachbesserung ansteht, die mit den Experten auf einer Krisensitzung beschlossen wurde, hält Vilmar, falls der Wunsch besteht, für möglich und „nicht so furchtbar tragisch"; das vollziehe sich im Rahmen dessen, was vertretbar sei. Und im Rückwärtsgang meint er auch: „Wir hatten nur eine beratende Funktion."

Den Konflikt mit den Bürgern haben sich die Experten selbst zuzuschreiben. Angestrebt war ja nur die Erhaltung, nicht die Veränderung der Brücke. Die Hotzenwälder Schreinerei, die das Projekt in den Fingern hat und über deren Qualität auch Vilmar nichts kommen läßt, hatte im Vorfeld der Arbeiten formuliert: „Ziel von Maßnahmen der Denkmalpflege ist es, daß man hinterher wenig davon sieht." Das aber ist nicht eingetreten.

Was eingetreten ist, ist zunächst einmal die Zerstörung „vertrauter Bilder", die keiner in Abrede stellt. Die Brücke ist nicht mehr das, was sie zuvor war. Drei wesentliche Punkte sind dabei hervorzuheben.

Erstens geht es um den Abbruch des Zollhäuschens, das plötzlich weg war. Es stand auf der Schweizer Seite. Verblüfft waren die Säckinger, als es, in seine Einzelteile zerlegt, einen Container füllte.

Die Brückendenkmalkommission, so wurde erklärt, habe sich für den Abriß entschieden, falls die Eidgenossen einverstanden wären. Sie waren es, obwohl in der Nachbargemeinde Stein auch sentimentale Stimmen laut geworden sind, es zu erhalten. Ausschlaggebend aber war der marode Zustand des Zollhäuschens, das, so Wolfgang Wehrle vom Bad Säckinger Stadtbauamt, „eigentlich relativ unbedeutend war". Seine Instandsetzung hätte 10 000 Mark gekostet. Auch Bürgermeister Nufer zeigte Verständnis. Es stamme – in seinem abgerissenen Zustand – aus den dreißiger Jahren und sei als Denkmal nicht wichtig gewesen. Interessant sei vielmehr historisch gesehen, daß die Brücke die längste Zeit ohne Zoll zu begehen war. Das Zollhaus weise deshalb auf eine falsche Tradition und sei heute eher anachronistisch.

Dafür aber haben die Schweizer jetzt an gleicher Stelle die Vorrichtung für Panzersperren angebracht. Argumentation des Militär-Departements: „Die Schweiz muß ihre Neutralität verteidigen."

Punkt zwei betrifft die drei Kapellen, die sich auf der Brücke befinden. Eine der Kapellen war durch ein Fachwerk gekennzeichnet, das allerdings erst 1966 angebracht worden war. Dieses Fachwerk wurde jetzt zugeputzt. Die drei Kapellen hatten im Lauf der Geschichte ihr Aussehen mehrfach geändert. Warum nicht auch jetzt? wurde argumentiert. Die eine der Kapellen dient als Abstellraum der Straßenmeisterei. Die Optik der Brücke nach innen und außen wurde durch den Verputz jedenfalls stark verändert.

Der dritte und heikelste Punkt betrifft die Verschalung der Brücke. „Hier geht's ans Eingemachte", sagt Nufer. Und auch die Denkmalschützer geben sich kompromißlos. Wolle man die Brücke langfristig konservieren, sei der Schutz gegen die Witterung unabweislich. Dabei gehe es vor allem, wie die Untersuchungen ergeben haben, um die Knotenpunkte der Brückenkonstruktion. Hier sei die Schadanfälligkeit besonders stark. Deswegen wurde die Brücke, von wenigen Ausblicken abgesehen, auf beiden Seiten zugemacht. So soll verhindert werden, daß die Feuchtigkeit durch Regen in die Brückenkonstrukion eindringt.

Diese wichtige ästhetische Veränderung wird im Sinne des Schutzgedankens von der Denkmalpflege voll unterstützt. Zu diesem Punkt unterstreicht auch Bürgermeister Nufer: „Sorgfältiger kann keine langfristige Sanierung sein." Er hat dabei natürlich die Finanzen seiner Gemeinde im Auge: Die jetzige Sanierung soll ihn möglichst überleben.

Die kräftige Verschalung, die sich auf keine historischen Vorbilder zurückführen läßt, ist sicher der stärkste Eingriff. Er bewirkt, daß die Brücke von außen wie ein Schlauch, von innen in der Tat wie eine dunkle Höhle wirkt. Hinzu kommt, daß sie durch die neuen, hellen Bretter der Verschalung absolut scheckig wirkt. Verwendet wurde unpräpariertes Holz, nur punktuell wurde es mit Schutzmitteln bearbeitet. Die Stadt gehe keine Ehe mit der Chemie ein, hieß es zu diesen unpräparierten Brettern. Das Holz sei vielmehr ausgiebig getrocknet worden und biete deshalb keinen Ansatzpunkt für Schädlinge. Auch hier zeigte sich der Freiburger Denkmalschützer den Argumenten der Baufirma gegenüber „aufgeschlossen", außerdem würden die neuen Bretter schnell nachdunkeln.

Ergebnis der Sanierung: Die Brücke ist in vielen ihrer Details, aber auch in ihrem Gesamtcharakter nicht mehr wiederzuerkennen. Sie bietet nicht mehr nur das vertraute Bild, sie ist bei der Sanierung zum großen Teil unter die Räder gekommen. Sie wurde nicht nur saniert, was unbestritten ist und was auch für ihren konstruktiven Teil dringend notwendig war, sondern sie wurde auch verändert. Dafür reicht die Erklärung von Vilmar nicht aus, daß Denkmalpflege heute auch ablesbar sein soll, daß sie den historischen und den neuen Bestand aufzuzeigen habe. Die Brücke wurde weder in den Zustand vor ihrer Sanierung gebracht, noch im Hinblick auf ein bestimmtes historisches Erscheinungsbild verändert. Was an der Brücke einzig abzulesen ist und wodurch sie geprägt wird, ist das möglichst große Schutzbedürfnis: Erhaltung zum kleinstmöglichen Preis.

Die Bürger haben zunächst einen Strich durch diese Rechnung gemacht: Zusätzliche Kosten für die Umgestaltung der Kapellen und den möglichen Wiederaufbau des Zollhäuschens werden allein 40000 Mark ausmachen. Der Sanierung folgt die Nachbesserung unmittelbar auf den Fuß. Das Eröffnungs-Brücken-Fest ist auf den nächsten Sommer verschoben worden. Daß es sich hier um ein Debakel für alle Beteiligten handelt, will natürlich keiner wahrhaben.

Säckinger Rheinbrücke

Emil Huber*

Verbotene Schriften im Fahrrad geschmuggelt

Frage: Herr Huber, haben Sie nach dem 5. März 1933 wie viele andere gedacht, daß sich die Nazis nicht lange würden halten können, oder haben Sie sich auf etwas Längeres gefaßt gemacht?

Emil Huber: Es gab ganz wenige, die sich von einer plötzlichen Aktion etwas versprochen haben, weil man immer gehört hat: im Ruhrgebiet, in Hamburg werden sie schon was machen, und es gibt bald wieder einen Umbruch. Man hat sich ja nichts anderes vorstellen können, als daß wieder gewählt wird. Die Nazis hatten ja schon mal eine Wahlniederlage erlebt, am 6. November 1932. Da hat man schon gedacht, jetzt gehts wieder abwärts. Aber dann wurden viele verhaftet, einige haben können flüchten. Ich hab mich mit anderen Hitlergegnern nach wie vor privat besprochen, in Wohnungen, und bin dann auch sehr bald nach Basel und habe dort Instruktionen bekommen. Ernst Herzog war damals Nationalrat und im Metallarbeiterbüro und gleichzeitig Gewerkschaftskartellvorsitzender – ich war arbeitslos damals. Er gab mir jedesmal zehn Franken, wenn ich bei ihm war. Dort traf ich auch Georg Dietrich, Mitglied des Parteivorstands der SPD. Der hat dann zu mir gesagt, ich soll nicht mehr ins Gewerkschaftshaus in Basel kommen, da würden von Lörrach aus zu viele Spitzel verkehren. Dann hat er mir eine Privatadresse gegeben, wo ich mein Material abholen sollte. Gleichzeitig hab ich noch jemand getroffen, den Karl Gerold. Er hat mir auch Material ausgehändigt, das ich an verschiedene Adressen verteilen sollte, und das hab ich auch gemacht.

Frage: Was für Material war das?

Emil Huber: Schriftmaterial. Zunächst ging es darum, eine geheime Organisation aufzubauen. Gerold hat mir auch mal eine Sendung aus Prag mitgegeben, das waren mindestens 2000 Flugblätter, die habe ich in Freiburg bei einer Privatadresse abgegeben.

Frage: Was für Flugblätter waren das? Oder wußten Sie das nicht?

Emil Huber: Ich hab immer zuerst alles ganz gelesen. Das war also im Sinne sozialdemokratischer Politik, da war auch die Rede Otto Wels' im Reichstag drin, Aufrufe zusammenzuhalten. Von besonderen tagespolitischen Ereignissen ist mir heute nichts mehr im Gedächtnis. Aber es hätte genügt, ins KZ zu kommen. Ich hab das auf dem Fahrrad transportiert. Auf dem Gepäckträger bis nach Freiburg. Da hab ich schon Angst gehabt, es könnte mich jemand erwischen.

Frage: Wie haben Sie das aus der Schweiz überhaupt herausgebracht?

Emil Huber: Diese Sendung, das war die einzige, die ich auf besondere Weise rausgebracht hab. Und zwar gibt es bei Lörrach einen Landzipfel, die „Eiserne Hand". Ein ganz langer Spitz von der Schweiz, der reicht hinein nach Deutschland. In dieser „Eisernen Hand" sind jede Nacht Schmuggeltransporte organisiert worden, nicht politische, sondern Zuckerschmuggler waren das. Diese Leute sind alle mit einem Sack voll Zucker auf dem Buckel da raufgegangen und dann rüber zur Bundesstraße und

* Der Lörracher Emil Huber gehörte zu denen, die für die SPD die von Prag aus in der Schweiz eintreffenden Schriften und Flugblätter ins Reich schmuggelten. Das Gespräch führte Manfred Bosch im Jahr 1982.

dann runter nach Lörrach. Und da hab ich jemand gekannt, der hat gesagt, da gehst du mit, das ist ungefährlich, im Notfall kannst Du Deine Flugblätter wegwerfen, dann weiß keiner, wer das gehabt hat.

Sonst hab ich viel Material mit dem Fahrrad transportiert. Alle 14 Tage oder alle Woche. Im Schlauch und im Sattelrohr. Der Sattel hat doch eine Stütze, ein Rohr, und da hab ich das SoPaDe-Material auf dem ganz dünnen Papier reingeschoben. Das war oft der „Vorwärts", meistens sogar. 200 Stück in einem Fahrrad, und zwar in zwei Schichten. Da hab ich eine Vorrichtung gebaut, und unten konnte ich das wieder rausziehen. Reingeschoben hab ich es im Eglisee, an der Wiese, zwischen Riehen und Basel. Das hab ich jahrelang gemacht. In die Reifen hab ichs auch gemacht, ganz ringsherum. Zwischen Reifen und Schlauch. Daheim hat mans mal zwei, drei Tage lang liegen lassen, dann hab ich sie im Garten versteckt, bevors ans Verteilen ging.

Frage: Haben Sie auch Reaktionen auf das verteilte Material gehabt?

Emil Huber: Einmal hab ich von einer ganz miserablen Reaktion gehört. Am Tag vor der Wahl Hitlers an Stelle von Hindenburg haben Fritz Koch und ich eine Aktion gemacht. Wir haben uns beide vollgepfropft mit Material und sind mit dem Zug nach Stetten gefahren, haben dort den nächsten Zug abgewartet und ungefähr 50 Meter vor dem Hauptübergang Wallbrunnstraße haben wir alles Material durch die Klosettröhre auf die Straße geworfen. Die ganze Straße, wir habens nachher gesehen, war übersät von dem Material. Bis zum Bahnhof konnte das Ding ja niemand lesen, und dann waren alle ausgestiegen, und es waren ja nicht alle Bahnhöfe besetzt mit Kriminalpolizisten. Wir sind dann gleich heim. Was dann im einzelnen gegangen ist, wissen wir nicht – aber am Montag morgen sind einige Kommunisten verhaftet worden, aufgrund dessen. Darunter waren noch zwei, die ich kenne. Die sind dann später wieder heimgekommen. Das war also die Folge dieser Flugblattaktion. Ich kanns mir jedenfalls nicht anders vorstellen. Und da hab ich gesagt: so was mach ich nicht mehr. Daß ich sauber bin, und andere werden eingesperrt, das hat keinen Wert mehr.

Basel

Basel

Basel

Hilde Ziegler

Basel, das war ein Traum

Der Stacheldraht an der Schweizer Grenze hat an einer gewissen Stelle ein Loch. Und hinter diesem Loch befindet sich der Abfallhaufen von Gärtner Dahler in Riehen. Jeden Samstag werden dort faule Orangen abgeladen. Obwohl meine Mutter schimpft, fischen wir mit Stöcken die Orangen zu uns herüber, und die meisten kann man noch essen. D'Schwizer sinn verschläckt, die ässe no lang nit alles, sagt Rudi. Das isch unser Glück.

Nach der Sonntagsschule sagt Herr Leisinger: am negschte Samschtig mache mr e Reis in d' Schwiz. Chömmet am sechsi.

Am nächsten Samstag um halb sechs gehe ich, schön angezogen und gekämmt, zu Herrn Leisinger. Die anderen Kinder kommen auch schon früher. Pünktlich um sechs schließt Herr Leisinger auf und sagt: göhnt ine, eins nachem andere. Nit drucke. Wir gehen hinein, er schließt die Tür und sagt: sitzet ab. Und zeigt uns ungefähr hundert Schweizer Ansichtskarten. Eine nach der andern.

Ruth Sütterlin hat sich mit einem Schweizer verlobt. Als sie am Sonntag mit ihm spazieren geht, spazieren Nelly und ich hinterher. Wir haben noch nie einen Schweizer gesehen.

Mein Vater sagt zu meinem Bruder und mir: morn göhmer uff Basel. Ich bi zwar dr einzig, wo e Passierschin hett, aber euch bring i schon übere. Am zwölfi isch Abmarsch.

Mein Bruder und ich gehen früh ins Bett, damit es schneller morgen wird. Vor dem Einschlafen reden wir über alles und wie es wohl sei in Basel. Er sagt: z'Basel gitt's numme riichi Lüt, un usserdäm cha me ässe, was me will. Dört gitt's zwei Schwümmbäder un richtig schöni Halbschueh un Banane. Das sinn länglichi Öpfel.

Am nächsten Tag ziehen wir uns schön an, und die Mutter sagt beim Abschied zum Vater: gimmer joo acht uff d' Chinder. Sie winkt, und wir winken, und bevor wir zum Zoll kommen, sagt mein Vater: looset jetz genau zu. Z'erscht göhmer dur dr dütsch Zoll. Das isch kei Problem. Dr Becker stoht, dä weiß Bscheid. Un z'Rieche am Schwümmbad wartet dir e paar Minute, un ich gang vorus zuem Schwizer Zoll un halt dr Zöllner e weng uff im Zollhuus, un dir rennet, was dr chönnet, d'Wilstroos duruf un wartet drno an dr Tramhaltstell, bis i chumm. Wir tun, was er sagt, Herr Becker schaut uns gar nicht an, wir kommen zum Schwimmbad, der Vater geht weiter, wir bleiben stehen. Ich kann es gar nicht fassen, daß ich endlich vor dem Riehener Schwimmbad stehe, endlich auf der anderen Seite. Nach einer Weile sagt mein Bruder: jetzt ab, los. Und wir rennen, wir rennen, als ob's ums Leben ginge, am Zollhaus vorbei zur Tramhaltestelle. Dort angekommen, sagt mein Bruder: jetz simmer in dr Schwiz. Endgültig. Lueg dört äne isch dr Tüllinger. Vo hinte.

Mein Vater kommt und lacht, und wir steigen in das schöne grüne Trämli und fahren ab.

Die Leute, die ein- oder aussteigen, sehen nicht viel anders aus als die in Weil. Sie lachen nicht. Warum lachen sie nicht, wenn sie doch Schweizer sind und alles haben? Ich lache und freue mich wahnsinnig, es wird mir beinahe schlecht vor Freude. Hoffentlich muß ich nicht brechen.

Ba-sel, Ba-sel, Ba-sel, ich glaube, ich muß doch brechen. Mein Vater sagt, ich soll kein Theater machen. Suscht gitt's e paar an d'Ohre.

Wir steigen endlich aus und gehen sofort in ein Café. Bstellet, was dr wänn, sagt mein Vater, dört vorne am Büffet. Ich suche zwei schöne Tortenstücke aus, aber schon nach dem ersten wird mir schlecht, und mein Vater muß mich auf den Abort führen. Ich muß brechen und Wasser trinken. Wieder draußen auf der Straße sagt er, ich solle Luft schnappen, wir gingen jetzt zum Münster. Vorbei an wunderbaren Häusern, die alle verschlossen sind, spazieren wir bergauf durch eine schmale Gasse. Wer wohnt in diesen wunderbaren Häusern? Wer öffnet diese großen Türen? Warum sind keine Fenster offen, wo doch so schönes Wetter ist? Vielleicht sind alle schon gestorben, die hier wohnten. Wir kommen zum Münster, ich renne einmal um den schönen Platz herum, mein Vater ruft: mach langsam, trink nomoll Wasser an däm Brunne.

Hinter dem Münster schauen wir hinunter auf den Rhein, mein Bruder ruft: ich seh dr Tüllinger vo do. Ich sehe ihn auch und bete im stillen: liebe Gott, bisch so guet un mach, daß i ball wieder uff Basel cha cho, bitte. Amen.

In den Seitengängen des Münsters hängen Grabsteine an den Wänden, und mein Vater sagt: sone Grabstei isch eines Tages 's Änd vom Lied. Merket ech das. Un jetz göhmer in d'Rhibruck,'s gröscht Chaufhuus vo Europa.

Beim Anblick der vielen Dinge, die es dort gibt, ergreift mich eine große Sehnsucht nach meiner Mutter, aber das nützt ja nichts. Wir dürfen jeder einen Ball aussuchen, für die Mutter kauft der Vater ein Paar wunderbare Schuhe, für sich einen Hut und Zigaretten. Un jetz isch dr Gäldbeutel leer, sagt er.

Wir gehen noch spazieren, ich weiß nicht, wie die Straßen heißen, ich weiß nur eins: ich bin in Basel. Auf dem Heimweg, schon wieder in der Weilstraße, nimmt mir der Vater meinen Hut vom Kopf, zieht mich hinter einen Baum und füllt den Hut mit Zigaretten. Vorsichtig stülpt er mir die Ladung auf den Kopf, zieht das Hutband straff, so daß ich fast ersticke. Numme fünf Minute, sagt er, un nit wackle. Steif und aufrecht gehe ich durch den Zoll, zu Hause falle ich meiner Mutter in die Arme, ich muß ins Bett, ich kann nicht mehr.

Basel, das war ein Traum.

Basel

René Schickele

Zugfahrt nach Basel

Ich fuhr auf dem deutschen Rheinufer. Der Zug war schmutzig, die Menschen steckten in abgetragenen Kleidern, sie rochen schlecht und ihre Gespräche nicht minder. Am schlimmsten war es um ihre Laune bestellt. Sie schienen einander alle zu hassen. Draußen leuchtete ein herrlicher Tag.

Hinter Müllheim, der letzten Schnellzugstation vor Basel, hielt es mich nicht länger auf meinem Platz. Ich lehnte mich aus dem Fenster. Die Weinberge wehten mich an mit ihrem feinwürzigen Ruch, die weißen Pfähle, heftig bewegt, blitzten im Stakkato über der warmen, braunen Erde, eine tausendkolbige Maschine in vollem Gang, zur Herstellung von Weltlust. Über dem Hang bewegte sich in strenger Strömung der Himmel.

Ich ging ans andre Fenster, da braute im Rheindschungel die Sonne, einzeln und truppweise standen die Bäume, vieldeutige Wegweiser, und wo sie sich zusammenrotteten, hatte es den Anschein, als ob sie sich miteinander berieten. Sie wußten offenbar nicht, sollten sie nach dem Schwarzwald weisen oder nach den Vogesen, deren großer Reigen sich im dunstverhüllten Himmel wie auf Befehl bewegte. Das von Busch und Baum über Tümpel, Gerinnsel, Bäche und kleine Wege durchhüpfte Gelände zog sich hier zusammen, faltete dort sich auseinander, und alles überragend zeigten die Pappeln den schwungvollen Lauf des Rheins. Und wir schwangen mit, der ganze D-Zug schwang mit.

In großem Bogen glitt ich um den Isteiner Klotz, plötzlich flohen die Geleise die Ebene, kehrten in der nächsten Kurve zu ihr zurück, und nun breitete das ganze Land sich vor mir aus. Mein Blick streifte es ab von Osten nach Westen, strich weit das Tal hinauf, und schließlich breitete ich mich selbst, gewicht- und grenzenlos, wie ich mich fühlte, mit selig gelösten Gliedern darüber aus, die eine Hand auf dem Schwarzwald, die andre auf den Vogesen, ein himmlischer Schwimmer, der sich von der Bläue umspülen ließ.

Ich wurde losgerissen in einem Gepolter von Eisen und Blech, katastrophal. Auf Gottes Landschaft folgte die des Teufels.

Schlote qualmen, aus einem langgestreckten Gebäude quirlt Wasserdampf, ich schrumpfe zusammen, werde in meiner Ecke, betäubt zwischen rangierenden Zügen, über kleine Brücken geschleudert, an Kranen und Ausladekais vorbeigerissen, ein gemauerter Kanal schneidet den Zug mitten entzwei, er findet, holtertipolter, wieder zusammen, hüpft weiter, ich torkle gegen Zugtrümmer, über Drehscheiben, ein vorbeibrausender D-Zug haut mich steif. Und jetzt, arme Seele, nimm dich zusammen für das Handgemenge, das draußen im Gang beginnt, das ist Basel.

Keine Angst. Die lieben Mitreisenden sorgen für dich. Sie stoßen dich mit ihren Gepäckstücken aus der Tür des Abteils, rechts schiebt einer, der andre links, schon stehst du mit einem Bein auf dem Bahnsteig. Das andre freilich steckt noch eingeklemmt auf dem Trittbrett zwischen einem Stiefel und einem Koffer. Wenn du könntest, würdest du fallen, aber du kannst nicht, dazu fehlt es an Platz. Geduld, da stellt das fehlende Bein sich ein. Aber es hilft dir nur wenig, daß du deine Beine wieder versammelt hast, sie gehören nur scheinbar dir, in

Wirklichkeit aber einer formlosen Masse, die sich drückend an deinem Rücken staut. Ganz von allein gerätst du so in eine Falle, deren Klapptür ein edler Greis in der Uniform des Schicksals bedient. Auf einmal spürst du einen Fremdkörper in deiner Hand, ein Stück Pappe mit der Nummer 36.

Fünfunddreißigmal hebt und senkt sich das Schlagbäumle, ohne daß der Beamte des Schicksals eine Miene verzieht, dann stehst du vor dem jüngsten Gericht. Erst vor dem deutschen, dann vor dem schweizerischen.

Wenn du endlich, ausgeklopft, gesiebt und psychochemisch gereinigt, ins Freie trittst, kannst du, nach einem Rundblick auf den blitzblank gebohnten Bahnhofplatz zu dir sprechen: „Fremdling, knie nieder und küsse den Boden, hier war kein Krieg, hier haben sie nur daran verdient" – und in die Elektrische steigen.

Gut genährte und gut gekleidete Menschen nahmen mich auf in ihre Gemeinschaft. Die Elektrische sprang über das Pflaster wie eine schlachtreife Ente übers Wasser. So unverknitterte Offiziere gab es in ganz Europa nicht mehr, und die gemeinen Soldaten blickten mit unerschüttertem Vertrauen. Die Brücke reichte uns vorsichtig über den Rhein, ich grüßte das Münster. Ein Falke mit ein paar Papageienfedern im Schopf, so horstete es in der Oberstadt. Grauweiße Bürgerpaläste erhoben sich großartig über schmutzige, zerbröckelnde Häuser. Gab es arme Leute in der Schweiz?

Eine Frau, die einen Handkarren über den Marktplatz schob, schritt wie eine Flötenbläserin auf einem griechischen Basrelief.

Irrte ich mich nicht? War ich in Basel? Um sicher zu sein, sah ich der nächstbesten Frau, der ewig Rätselhaften, wenn sie vorübergeht, auf die Füße. Es waren Schweizer Füße.

Inzwischen hatte meine Tänzerin auf der andern Seite des Platzes haltgemacht und streckte vor einer Gevatterin die Arme zum Himmel. Funkelten nicht Zimbeln in ihren Händen? Nun flogen auch der Gevatterin Arme empor, die beiden Gestalten bewegten sich dicht voreinander, „Evoe!" auf dem Marktplatz zu Basel. Ich vernahm den Krach ihrer Zimbeln, die sie, eben noch rückwärts gebogen, plötzlich aufschnellend über ihren Köpfen zusammenschlugen. „Evoe! Evoe!" auf dem Marktplatz zu Basel…

Vor dem Bundesbahnhof grüßte ich das Denkmal, das an die Basler Hilfe für Straßburg im Jahre 1870 erinnert. Die Schweizerin erhebt schützend den Schild über die Elsässerin, und ich sah, daß sie Schwestern waren, nach Gestalt und Gesicht.

Basel Badischer Bahnhof

november 86

allerheilige
Sandoz
Ciba-Geigy
allerseele
BASF
volkstrauertag
Hoechst
Lonza
Bayer
bueß- un bettag
„Lieber Fisch …
Natur ist Chemie
Chemie ist Leben
Leben ist Verantwortung
Die chemische Industrie"
totesunntig

Markus Manfred Jung

Horand Knaup / Martin Forter

Regio als Giftmüllkippe der Chemie

„Wird die Region Basel zum Sondermüllzentrum?", titelte unlängst die Basler Zeitung. Die Frage ist längst beantwortet: Die Region am Rheinknie fungiert seit rund 40 Jahren als Giftstapelplatz ohnegleichen. Denn in der Gegend um Basel, so zeigt eine grenzüberschreitende Recherche der Badischen Zeitung, modert giftiger Chemiemüll in mindestens 35 Deponien – oft vergessen oder bewußt verdrängt.

Von den chemiebelasteten Gruben gefährden neun das Grundwasser in Baselland, elf jenes im südbadischen Raum zwischen Basel und Rheinfelden. 15 dieser Vertiefungen befinden sich im kiesigen Untergrund des Elsaß zwischen Basel und Mülhausen. An 33 weiteren Standorten im Dreieckland fanden sich konkrete Hinweise auf die gefährlichen Überreste aus der chemischen Industrie.

Die boomende Wirtschaft in den 50er Jahren vervielfachte auch den Müllausstoß der chemischen Fabriken. Immer mehr ehemalige Kiesgruben lösten die Müllager auf den Fabrikarealen ab, um – neben dem „Vorfluter" Rhein – für die giftige Ware herzuhalten. So auch die unweit des Rheins gelegene Feldrebengrube in Muttenz (Baselland): Schon 1940 wollten die damaligen Eigner den Trichter auffüllen. Obschon Gemeinde und Kanton zunächst abwinkten und Wasserexperten warnten, wurde die Bewilligung schließlich doch erteilt. Eine Aktennotiz von 1954 entlarvt die Müllieferanten: Geigy, Sandoz und Ciba.

Im August 1957 verfärbt die Chemiemülldeponie das Wasser benachbarter Brunnen. Im gleichen Monat untersagt der Baselbieter Regierungsrat das Abkippen von Industriemüll auf Kantonsgebiet. Doch die Chemie reagiert flexibel: Sie weicht mit ihren Abfällen auf die andere Rheinseite, ins Ausland, aus: Im Dezember 1957 verlangt das Landratsamt Lörrach den Abtransport von deponierten „Fässern, Säcken und sonstigen Gefäßen mit Chemikalien, Ölen und Farben", die eine erhebliche Gefahr für die öffentliche Wasserversorgung darstellten.

Wilde Ablagerungen in unmittelbarer Nähe der Tiefbrunnen der Gemeinden Wyhlen und Grenzach hält die gleiche Behörde ein Jahr später fest. Am 25. November 1958 fordern fünf deutsche Grenzgemeinden vom Landratsamt eine Aussprache wegen der zunehmenden Importe, die „(...) gesundheitliche Schäden für unsere Bevölkerung nach sich ziehen könnten". Dennoch gehen die Ablagerungen weiter.

Die Firma Geigy zieht es derweil in die Gemeinde Hagenthal le Bas (Elsaß), wie das Unternehmen 1957 in einem internen Papier festhält. Ihr Transporteur, der Basler Fuhrunternehmer Pfirter, beantragt allerdings erst am 21. April 1959 eine Bewilligung. In einer ergänzenden Eingabe vom 22. September teilt Pfirter mit, er wolle täglich 3,5 bis 14 Tonnen Schutt ankarren. Zusammensetzung: „Feste Abfälle (...), die Rückstände aus der Farben-, der Pharma- und der Hilfsstoffproduktion für Textilien enthalten." Die Transportfirma schreibt weiter, sie vermische die Abfälle im Verhältnis 1:2 mit Aushubmaterial. Die französische Wasserpolizei (Genie Rural) äußert einen Tag später Bedenken zu Pfirters Begehren und empfiehlt in Anspielung auf das Ablagerungsverbot in Baselland, daß Chemiemüllager „auf französischem Gebiet genausowenig bewilligt werden sollten wie auf schweizerischem".

Drei Monate später berichtet ein Gutachten des „Service Géologique d'Alsace": „Im Gemeindebann von Hagenthal le Bas sind mehrere Deponien mit Abfällen, besonders aus der chemischen Industrie, eingerichtet worden." Von besonderer Bedeutung seien „Le Letten" und „Galgenrain". Der Verfasser fordert ein Verbot der genannten Deponien, aber auch „jener zahlreichen anderen, viel weniger wichtigen und heimlich angelegten, die sich in der Region befinden".

Regenwasser aus den Chemiegruben Le Letten und Galgenrain, so der Geologe 1960, sickere in den nahegelegenen Lörxbach aus. Oberhalb von Hegenheim passiert das chemiebelastete Rinnsal drei weitere Deponien, die von der Schweiz beliefert werden, bevor es in der Rheinebene bei St. Louis im kiesigen und „faßhaltigen" Untergrund versickert. Ein Augenzeuge zur BZ: „Unter dem Fußballplatz von Bourgfelden hat's Fässer aus Basel. – Ja, es ist die alte Kiesgrube Dürrenwächter. Wenn Fässer reingeworfen wurden, platzten sie zum Teil. Da kamen alle Farben raus. Alle wußten es, der Zoll, die Polizei..."

Folgen wir dem Lörxbach, der jetzt als Grundwasser mitten hinein ins 700 Meter entfernte sogenannte „Baggerloch" strömt: „Im Wasser schwammen Fässer", erinnert sich ein anderer Beobachter. Noch heute kippen Lastwagen die schwermetall- und dioxinhaltige Schlacke der Basler Kehrichtverbrennungsanlage ins Baggerloch. „Diese Grube ist ungefähr das Schlimmste in der Gegend, aber es getraut sich niemand ranzugehen", beurteilt der Mitarbeiter des „Service Géologique Régional Alsace" (BRGM), Marc Lettermann, die Lage.

Begleiten wir den Lörxbach im Grundwasserstrom weiter, so erreichen wir nach rund einem Kilometer die „Große Sandgrube von St. Louis". Die Grube wurde 1969 im Schnitt von etwa 20 Lastwagen täglich beliefert – zumeist Schweizer Herkunft. Ein Augenzeuge: „Soweit ich mich erinnere, (...) gingen pulvrige Abfälle und Erde, die beim Abbruch der Ugine-Kuhlmann (Hüningen) anfielen, in die „Sandgrube von St. Louis". Ugine-Kuhlmann produzierte in den sechziger Jahren Lindan, ein hochgiftiges Insektizid. Bei der Produktion von 100 Tonnen fielen rund 85 Tonnen Abfall an. Die Firma lagerte das Material offen unmittelbar hinter dem Hüninger Zoll. Bei Wind fiel Lindanregen: „Am Zoll sind sie fast verreckt", weiß ein Mitarbeiter der Basler Chemie zu berichten. Kuhlmann schloß unterdessen die Tore. Die üblen Reste finden sich heute tonnenweise in Hüningen unter dem Sandoz-Parkplatz, aber auch in Sierentz.

Und möglicherweise auch unter dem Stadion von Hüningen: „Ich kenne den Geruch von Lindan. Sie brachten dieses weiße Pulver in offenen Lastwagen – und kippten es ab – das war mein Spielplatz", erinnert sich ein weiterer Beobachter. Diese Kiesgrube am Rhein-Rhône-Kanal, dort wo heute Fußballer über ein sich senkendes Terrain stolpern, „war ein wenig der Strand der Jungen," wie einer erzählt, der dort die Frische des Wassers suchte. Ein anderer Wasserfreund: „Ich bin dort aufgewachsen. Ich sah Fässer in Hülle und Fülle. Sie kamen von einem Lkw mit Schweizer Kennzeichen. Jeder in Hüningen wußte, was dort liegt, da alle dort badeten." Ein weiteres Chemiemülldepot in St. Louis: Der heutige Lkw-Parkplatz (TIR) unmittelbar bei der Gemeinschaftszollanlage am Ende der Autobahn A 35: „Ab und zu legten wir Feuer und freuten uns, wenn die Fässer explodierten. Die Flammen hatten alle Farben." Woher die Fässer kamen, läßt sich nicht verifizieren. Klar ist, daß auch Schweizer Transporteure anlieferten. „Ich bin fast sicher, daß in jedem Loch in Grenznähe Chemiedreck drinliegt, wenn es in den 50er und 60er Jahren aufgefüllt wurde und Schweizer Transporteure auftauchten", glaubt der Geologe Lettermann. Pierre Bernhard, Chemieingenieur der „Direction Départementale de l'Agriculture" (DDA) in Colmar: „Man kann sagen, daß die Abfälle aus Basel oft mit chemischen Rückständen vermischt waren. Bei den von der Schweiz belieferten Deponien hat's mit großer Wahrscheinlichkeit Chemiemüll drin" – im Elsaß sind es nach einer Karte der Wasserpolizei vom September 1969 deren 24. Doch auch diese Karte weist Lücken auf …

Was Bernhard für das Elsaß vermutet, hat seine Parallele auch diesseits der Grenzen, wie im Februar 1979 ein deutscher Schrottsammler, der in den Jahren 1958/59 in Müllgruben nach Metall stöberte, der Polizei zu Protokoll gab: „(Ich möchte) noch sagen, daß wir solche Fässer (mit Totenköpfen) praktisch im gesamten Bereich von Grenzach bis Rheinfelden gefunden haben." Die Fuhrunternehmer treiben es auch im badischen Raum bunt: Am 29. Juli 1959 informiert die Polizei das Landratsamt, daß „chemische Abfallstoffe aus der Schweiz nach den beiden Steinbrüchen (…) im Mönden" im nahen Inzlingen transportiert worden sind. Sie kommen von Roche. Die Besitzer der beiden Steinbrüche sitzen in Riehen: die Fuhrunternehmer Baier. Die Ablagerungen erfolgen ohne Bewilligung. Das Landratsamt verlangt, daß die Abfälle herausgeholt werden – droht gar, die Fahrzeuge zu beschlagnahmen. Neue Ablagerungen werden gemeldet.

Eineinhalb Jahre später berichtet das Bürgermeisteramt Inzlingen, die Roche-Abfälle seien entfernt worden. Sechs Tage später stellt sich heraus, daß die Abfälle nicht aus-, sondern vergraben wurden. Zwei Jahre nach der amtlichen Verfügung, die Steinbrüche vom Roche-Chemiemüll zu befreien, kommt Baier der Aufforderung nach. Im August 1965 melden Anwohner, Baier lagere erneut Chemieabfälle…

Nicht nur Roche und nicht nur Inzlingen: Am 20. März 1978 diktiert der Strafverteidiger T. M. im Rathaus Lörrach einem Beamten ins Protokoll: „Transportfirmen tauchten auf, insbesondere die Firma Pfirter AG, wobei konkret der Wunsch laut wurde, Chemieschutt von den Basler Firmen Geigy, Ciba, Roche, Sandoz, Durand Huguenin (heute Sandoz d. R.) in Deutschland abzulagern. Es handelte sich (…) um reinen Chemieabfall." Er habe sich damals zum Ziel gesetzt, neue legale Lagerstätten aufzutreiben. Indes: „Ich habe damals gespürt, daß die Firma Geigy das wilde Ablagern bevorzugt hätte."

Zeugen der dubiosen Vorgänge waren unerwünscht. Wer dem Gebaren der Transporteure allzu neugierig nachging, mußte mit Konsequenzen rechnen: In den Akten der Polizei Baselland ist der Fall eines Zeugen belegt, der (nachdem er offenkundig Drohungen erhalten hatte) die Aussage verweigerte. Hans-Joachim Buschendorf aus einer deutschen Grenzgemeinde berichtet ähnliches: „1975 brannte mein ausbetonierter Keller. Ein anderes Mal wäre ich von zwei Chemiemüllastern fast eingeklemmt worden." Buschendorf, jahrelanger Beobachter der dubiosen Fuhren, war den Giftmülllastern trotz telefonischer Warnungen weiterhin gefolgt…

350 bis 600 Lkw täglich – je nach Wochentag – überquerten noch 1971 die Grenze in den Landkreis Lörrach.

Über die Grenzübergänge nach Westen donnerte ebenfalls eine Schweizer Lkw-Lawine. Das elsässische Blatt „Dernières nouvelles d'Alsace" notierte am 25. August 1971 Zahlen: „Am Posten Hegenheim zählte man im März 6646 Camions (...). In Leymen 1501 Camions im April."

3000 bis 4000 Tonnen Giftmüll pro Jahr stieß die Basler Chemie in den sechziger Jahren aus. Auf 15 Jahre hochgerechnet lagern rund um Basel etwa 50.000 Tonnen giftiger Substanzen im Erdreich. Davon abzuziehen ist jene Menge, die auch in den sechziger Jahren noch in den Rhein geleitet oder aber nach Bonfol (Jura), nahe der französischen Grenze transportiert wurde – eine Deponie, welche die Basler Chemie anfangs der sechziger Jahre eröffnet hatte. Bonfol war jedoch weniger eine gute Tat der Chemie, als vielmehr Resultat massiven Drucks rund um Basel: Überall liefen die Gewässerschutzämter Sturm gegen die unheilvollen Chemiemüllablagerungen. Das Image der Chemie stand auf dem Spiel. Doch auch Bonfol war nur eine Scheinlösung: Zeitweise belastete die Lagerstätte das Grundwasser ebenso wie andere Deponien in der Region.

Heute stehen die Behörden in allen drei Ländern vor ähnlichen Problemen. Im Landkreis Lörrach bezeichnete sich ein amtlicher Abfallexperte als „Feigenblatt", in Baselland degradiert sich der Kollege zum „Feuerwehrmann" und im Elsaß heißt es ganz abgeklärt: „Wir haben zu wenig Mittel." Marc Millet, Chef der „Direction de l'Industrie et de la Recherche d'Alsace" und zuständig für die Chemiemülldepots im Elsaß: „Ich glaube, daß heute die Wichtigkeit des Problems unterschätzt wird. Ich glaube, daß der Wille kommt, aber im Moment ist er noch nicht da."

In Zurückhaltung üben sich die Verursacher – Chemieindustrie und Transporteure. Der Umweltschutzchef von Roche, Hans Künzi, etwa hält es – analog zu seinen Kollegen von Sandoz und Ciba-Geigy – für wenig sinnvoll, 60 Deponien wahllos auszuheben. Und doch: Das Risikopotential der einzelnen Gruben abzuklären, wäre höchste Zeit – was, wenn überhaupt, nur schleppend vorangeht.

Für die Behörden endet das Problem Altlasten bislang an der Landesgrenze. Die Chemieindustrie hingegen hat den Regiogedanken, den die drei Gipfelpolitiker dieser Tage so feierlich zelebrierten, zur „Lösung" ihrer Probleme bereits vor 30 Jahren erkannt – und genutzt.

Frankreich

René Schickele

Vive l'Alsace

In Rheinweiler stieg er aus und ging langsam über die Schiffbrücke. Der Rhein mit dem schmalen Steg lag auf dem Grund eines hohen Frühlingsmorgens. Es war schon warm.

Der Hund Barry umsprang ihn mit großen Sätzen, ohne zu bellen. Wenn Claus haltmachte, blieb auch der Hund stehn und schaute sich um. Manchmal trat das Tier dicht an den Rand der Brücke und schnupperte in das reißende Wasser, das einen kühlen Hauch emporsandte.

Der Rhein, der Rhein!

Immer häufiger blieb Claus stehen, reckte sich, tief atmend, spreizte die bloßen Hände, warf den Kopf in den Nacken, senkte ihn lächelnd. Da klopfte sein Herz in der Schwebe zwischen Deutschland und Frankreich, mitten auf dem Rhein, der ein heiliger Strom war, und trieb fröhlich das Blut durch den Körper, und ihm war, als kreiste ein heller Schimmer davon auch außerhalb seiner Leiblichkeit, viel, viel weiter, als die waagerecht ost- und westwärts ausgestreckten Arme – von einem Gebirgszug am Horizont zum andern!

Er spürte etwas von jenem silbernen Flaum an den Fingerspitzen, wie er rings über ihm in der Himmelsbläue bebte, im ganzen, weiten Raum bis zu den Höhen des Schwarzwaldes, auf die er zurückblickte. Ja, auch dort, den schmalen Rand entlang zwischen Wald und Himmel, glomm und züngelte es wie von einem Ätherbrand, der ein großes, mildes Werk vollbrachte. Und auch im Strome selbst fuhr dies Seelenlichtlein hin und her, tauchte unter und entflog wieder in die Bläue.

Gleich überkam ihn der alte kindliche Übermut, er sprach für sich von „Pfingstzungen über dem Rhein", von einer „Überrumpelung der Grenzen durch einen schönen Tag", von der „Macht eines göttlichen Leichtsinns über die Zöllner", stark und frisch fühlte er sich in dieser seiner Geheimsprache, deren allgemeine Wendungen ihm gewissermaßen ein Gefühl von Ewigkeit mitteilten, und als er schließlich zu den Büscheln jungen Grüns hinaufäugte, wie auch die Pappeln auf dem elsässischen Ufer sie trugen, und die, bei völliger Windstille, einzig und allein vom Licht des Himmels zu zittern schienen, da riß er den Hut vom Kopf, schwenkte ihn und rief laut in den Morgen:

„Vive l'Alsace!"

„Vive l'Alsace!" ruft er, zum zweitenmal, und winkt mit dem Hut den drei Gestalten zu, die ihn auf einer kleinen Anhöhe über dem Damm erwarten, also drüben in Frankreich, und deshalb hat er auch französisch gerufen.

Auf der kleinen Anhöhe erhebt sich das französische Zollgebäude, davor hält ein Auto, und bei dem Auto warten jene drei Männer. Die lichte Weite des Morgens verleiht ihnen, wie sie da ganz allein auf dem Hügel über dem Strom beisammenstehn, eine Größe, die sichtlich ihr persönliches Maß überragt. So können zwei, drei unscheinbare Bäume auf einem Feld als ein Denkmal wirken, eine Brombeerstaude in einer Waldlichtung, auf der ein Zaunkönig singt, als ein Turm, um den der Wald sich sammelt. Claus ist gut gelaunt.

Der eine der Männer entpuppt sich als ein Zöllner, der andre als ein Gendarm, der dritte als der Chauffeur aus Breuschheim. Der Chauffeur allein hebt die Mütze, der Zöllner und der Gendarm rühren sich nicht. Erst als Claus dicht vor ihnen steht und einen Papierwisch vorweist, führen sie grüßend die Hand an die Mütze. Und nun wird lange gestritten, ob das Papier den Baron Claus von Breuschheim zum Eintritt in die Heimat berechtigt oder nicht. Vorschriftsmäßig ist es keinesfalls. Ein Paß ist es nicht. Vor vier Jahren hat der Bürgermeister von Breuschheim auf diesem Papier die altelsässische Abkunft Clausens und damit seine französische Staatsangehörigkeit festgestellt und mit dem Amtsstempel bekräftigt. Weder befindet sich darauf Clausens beglaubigte Photographie noch seine eigenhändige, als solche beglaubigte Unterschrift. Der Zöllner hat eine leise, kränkliche Stimme, es ist ein zartes Männchen, das halb wie im Schlafe tut, und Claus denkt: Stände nicht der schwarze Teufel von einem Korsen als Vertreter der bewaffneten Macht daneben, der Kleine ließe mich sicher durch.

„Wer sagt uns denn, daß Sie der Genannte sind?", ruft der Gendarm aus. „Ich!" antwortet der Chauffeur. „Sie!" gibt der Zöllner wehleidigen Tones zurück, der Gendarm zuckt nur die Achsel. „Sie! Sind sie vielleicht eine Amtsperson?" – „Und außerdem", sagt jetzt der Gendarm, „wenn Zeugen einen Paß ersetzen könnten, so müßten es zwei sein." Damit gibt er Claus das Papier zurück.

„Sie können passieren", fügt er hinzu.

Bei Neuenburg

Margaretha Spörlin

EINE RHEINFAHRT UM 1800

Drei Stunden brauchten sie von Mülhausen bis ‚Schalambi'; dort wurde ausgespannt und im schmutzigen Wirtshaus ein schlechter Kaffee getrunken, um das lange Warten abzukürzen. Ein Fischerbube mußte in einem Kahn über den Rhein nach Neuenburg fahren, um die Schiffsleute mit dem großen Schiff zu holen. Nach einer langen Stunde hieß es, das Schiff warte am Talweg des Rheins. Wagen und Pferde brachte man auf einen großen, flachen Kahn, die vier Reisenden stiegen in die Kutsche, an einem langen Seil wurde der Kahn bis zur ersten Insel gezogen (noch war ja der Rhein nicht reguliert!), auf die gleiche Weise zu einer zweiten, und so kamen sie zum Talwege. Dort strömte, gewaltig brausend, Vater Rhenus vorüber, dort lag auch das Schiff mit den Schiffsleuten. Es war ein heißer Juni. Bei der Schneeschmelze in den Alpen führte der Rhein viel Wasser.

Alles brachte man auf das große flache Schiff, die Reisenden setzten sich wieder in die Kutsche, behutsam und beschwichtigend führten die Knechte die sich sträubenden Pferde auf das schwankende Schiff. Es war eine beschwerliche Überfahrt. Erst nach einer dreiviertel Stunde war das rechte Rheinufer, ‚Hebels klassischer Grund und Boden', erreicht.

Breisach

Gebhard Klein

Kriegsgeschehen in Breisach

Kriegsjahre 1939 bis 1944

Am 1. September 1939 um zehn Uhr vormittags versammelte sich der Deutsche Reichstag in der Krolloper zu Berlin. Der sonst übliche Einzug Hitlers, bei dem sich die Reichstagsabgeordneten „spontan" von ihren Plätzen erhoben und dem Führer zujubelten, war an diesem Tag unterblieben. Plötzlich stand er im feldgrauen Rock auf der Bühne und teilte den Männern des Reichstags und dem deutschen Volk mit, daß die Wehrmacht in Polen einmarschiert sei: „Seit 5.45 Uhr wird jetzt zurückgeschossen. Und von jetzt an wird Bombe mit Bombe vergolten." Der Krieg hatte begonnen, und die Männer des Reichstags brachen in Heilrufe aus.

Im Mai 1939 hatte Hitler die Kampfanlagen des Westwalls besichtigt und war auch nach Breisach gekommen. Vom Münsterplatz aus ließ er sich die gegenüberliegende Rheinseite mit den Kampfanlagen der Maginotlinie zeigen. Ende Juli hatte die Ortsgruppe Breisach des Reichsluftschutzbundes an alle „Volksgenossen" Gasmasken ausgegeben. Mit einfachen Mitteln sollten Luftschutzräume behelfsmäßig hergerichtet werden. Ende August wurde der zivile Zugverkehr eingeschränkt, der Reisende hatte von nun an keinen Anspruch mehr, an sein Reiseziel befördert zu werden. Die Zeitungen veröffentlichten Einzelfragen über die Bezugsscheinpflicht, über die Abgabe von Lebensmitteln und Spinnstoffwaren, von Vergaser- und Dieselkraftstoffen auf Bezugsscheine und über die Kundenlisten in den Geschäften. Die Bunker des Westwalls wurden mit Truppen belegt, die Ponton-Schiffsbrücke zur Hälfte abgebrochen und die Zugverbindung mit Frankreich eingestellt. Stadtpfarrer Höfler hatte den Reliquienschrein schon Mitte August in Sicherheit bringen lassen; auf Anordnung des Badischen Kultusministeriums in Karlsruhe sollte nun auch der Hochaltar im Münster möglichst unauffällig abgebaut werden. Am 2. September wurde der zivile Luftschutz aufgerufen und bis auf weiteres die völlige Verdunkelung angeordnet. Auch die Straßenbeleuchtung mußte abgeschaltet werden. Am Sonntag, dem 3. September, erklärten England und Frankreich den Krieg. Auf zwölf Uhr mittags wurden die Männer aufs Rathaus bestellt und unterrichtet, daß unter Umständen mit der Räumung der Stadt gerechnet werden müsse.

Gegen Abend wurden die Kranken des Spitals und des Pfründnerhauses von den Männern und Frauen des Roten Kreuzes zum Teil auf Tragbahren zum Zug gebracht. Mütter mit ihren weinenden Kindern, alte und gebrechliche Leute mußten mit wehem Herzen und banger Hoffnung ihre Heimat verlassen. Die Schwestern und das gesamte Personal des Krankenhauses schlossen sich den Evakuierten an, Präbendar Augustin Geisert begleitete sie. 21 Eisenbahnwagen verließen gegen 23.30 Uhr den Bahnhof Breisach mit unbestimmtem Ziel. Über Freiburg, Offenburg, Triberg, Donaueschingen und Radolfzell kamen die Evakuierten am anderen Morgen in Überlingen an.

In Breisach war es ruhig geworden. Die jungen Männer, Väter und Söhne, waren zum Kriegsdienst einberufen worden. Die älteren Männer dienten bei der Grenzwacht und lagen in den Bunkern und Stellungen des Rheinwaldes oder waren zum

Schutz der öffentlichen Einrichtungen als Feuerwehrmänner dienstverpflichtet und in der ehemaligen Brauerei Franz in der Rempartstraße kaserniert. Kein Kind spielte mehr in den stillen Gassen der Stadt; alles Leben schien erstorben zu sein. Eine unheimliche Spannung bemächtigte sich der Zurückgebliebenen. Es herrschte Kriegszustand mit Frankreich, das nur durch den Rhein von der Heimatstadt getrennt war. In den Bunkern des Westwalls lagen die deutschen Soldaten des Infanterieregiments 75 aus Freiburg und waren bereit, das Feuer zu eröffnen. Nur 200 Meter davon entfernt begann das vielfältig gestaffelte Verteidigungssystem der Maginotlinie. Doch es fiel kein Schuß, den ganzen September nicht und den ganzen Herbst nicht. Am 12. Oktober 1939 sprengten die Franzosen morgens um sieben Uhr die Eisenbahnbrücke. Ein Stein durchschlug zwei Wände des Wohnhauses Kornhaas am Neutorplatz. Die elsässischen Soldaten gaben zu verstehen, daß sie nicht schießen würden, und riefen Grüße an ihre Verwandten und Bekannten über den Rhein herüber. An der Westfront herrschte Friede inmitten des Krieges, der „Sitzkrieg im Westen", wie der Volksmund ihn nannte. Auf Weihnachten waren die Breisacher wieder in ihre Heimatstadt zurückgekehrt, die Soldaten feierten mit ihren Quartiersleuten zum ersten Mal das Fest des Friedens mitten im Krieg. Am Silvesterabend spielte eine Regimentskapelle auf dem Münsterplatz deutsche Volkslieder. Viele Breisacher hatten sich dort versammelt und sangen mit. Das Münster war hell angestrahlt, die Franzosen schossen das neue Jahr ein. Mit klingendem Spiel zog die Kapelle wieder die Münsterbergstraße hinunter.

Die Soldaten lebten diesseits und jenseits des Rheins bei Wind und Wetter in den Bunkern der Rheinwälder, bauten Stellungen aus und hielten Wache. Transparente mit Propagandaparolen wurden auf beiden Seiten aufgestellt, Spähtrupps gingen über den Rhein, nachts erhellten Leuchtkugeln gespenstisch das Land. Anfang Januar 1940 begann das feindliche Maschinengewehrfeuer auf die deutschen Stellungen am Rhein und auf die Stadt. Die Truppe hatte Tote und Verletzte. Die Fischerhalde, der Lange Weg und die Münsterbergstraße oberhalb der Schänzletreppe lagen unter Feindeinsicht. Die Bewohner der Oberstadt und die Kirchgänger konnten nur noch den Schloßrain, den Augustinerbergweg und zeitweise auch nur die Schänzletreppe benutzen. Schilfblenden schützten an gefährdeten Stellen die Bevölkerung und die Soldaten vor Feindeinsicht.

Am 10. Mai 1940 begann unter Neutralitätsverletzung Luxemburgs, Belgiens und Hollands der Blitzkrieg im Westen. Am 25. Mai war der Vorstoß zur Kanalküste gelungen, am 14. Juni besetzten die deutschen Truppen Paris. Teile des Heeres setzten an, die Maginotlinie, den Verteidigungswall der Franzosen gegen Deutschland, von hinten zu erobern. Nach dem Wunsche Hitlers sollte jedoch das vielbegehrte Elsaß im Kampfe durch die Eroberung der Maginotlinie vom Osten her genommen werden. Eine fieberhafte Tätigkeit begann auf der deutschen Seite zwischen Breisach und Sasbach, um den Rheinübergang vorzubereiten. Eine dreifache Übermacht an Infanterie stand den Franzosen entgegen, die Übermacht der Artillerie war noch stärker. Die Reserven der Franzosen waren schwach und lagen weit zurückgezogen in den Vogesen.

Mitte Mai verstärkten sich die Feuerüberfälle auf die Stadt, auf den Feldern wurden die Bauern beschossen. In der Nacht zum Pfingstmontag sprengten die Franzosen das Zollhaus auf der französischen Seite. Am 26. Mai lagen der Eckartsberg und der Tuniberg unter Artilleriebeschuß. Das Anwesen Erhard Franz in Hochstetten erhielt einen Granattreffer. Wenige Tage später schlugen auch Granaten in die Hinterstadt, als ein Bunker in der Nähe des Judenfriedhofs beschossen wurde.

Als am 3. Juni 1940 Breisach zum zweiten Mal evakuiert wurde und die gesamte Bevölkerung mit wenigen Ausnahmen die Stadt verlassen mußte, kamen die Breisacher wieder an den Bodensee nach Überlingen, Uhldingen, Meersburg, Hagnau und Immenstaad. Die Landwirte brachten ihr Vieh nach Ebringen in Sicherheit. Infanteristen und Pioniere rückten in die Stadt ein, die Straßen waren voll von marschierenden und fahrenden Kolonnen. An jeder Haustüre war ein Plakat angebracht mit der Aufschrift: „Deutscher Soldat, schütze das Eigentum deiner rückgeführten Volksgenossen." Sturmboote und Floßsäcke mit Außenbordmotoren, Handgranaten und Nebelkerzen, Sandsäcke und Munition wurden herangefahren und Flak- und Artilleriegeschütze in Stellung gebracht. In Häusern und Kellern, in Bunkern und Stollen lagen die deutschen Truppen in Bereitstellung, um in Breisach, beim Jägerhof und in Sasbach über den Rhein zu gehen und die Maginotlinie von vorn anzugreifen.

Am 15. Juni 1940, morgens um 10 Uhr, wurde bei strömendem Regen der Rheinübergang mit einem schlagartigen Feuerüberfall auf die französischen Befestigungswerke vorbereitet. Die Rheinufer hüllten sich in Rauch und Flammen. Hunderte von Granaten jeden Kalibers beschossen die französischen Kampfstände und Feldstellungen aus einer Entfernung von nur wenigen hundert Metern. Pak- und Flakgeschütze nahmen Panzerkuppeln und die Schießscharten der französischen Forts im Direktbeschuß unter Feuer. Wegen des regnerischen Wetters konnten die Sturzkampfflugzeuge nicht eingesetzt werden. Viele Kampfstellungen und Bunker waren kampfunfähig geschossen. Die Pioniere machten ihre Sturmboote fertig und setzten 10.10 Uhr zusammen mit der Infanterie in drei Wellen über den Rhein. Die Franzosen beschossen die deutschen Bereitstellungen mit Artillerie und nahmen die Angreifer unter heftiges Maschinengewehrfeuer. Viele Boote versanken im Rhein, die Soldaten, die mit Munition und Waffen schwer beladen waren, wurden hinabgezogen und ertranken. Von Breisach aus gelangten in der ersten Angriffswelle Feldwebel Rudolf Feßler, die Pioniere Willi Winter, Karl Zeller und ein weiterer Pionier aus Sasbach an das französische Ufer. Wegen der Beschädigung ihres Bootes mußten sie jedoch aussteigen und erreichten schwimmend das französische Ufer. Rudolf Feßler wurde bei diesem Einsatz verwundet und kehrte gegen 18 Uhr, als das Sturmboot notdürftig repariert war, zusammen mit dem Bootsführer wieder an das deutsche Rheinufer zurück. Willi Winter blieb mit einigen Infanteristen am jenseitigen Ufer; trotz wiederholter Versuche ist es nicht gelungen, ihnen Verstärkung zu bringen. Für ihren Einsatz erhielten Feßler die Spange zum Eisernen Kreuz I. Klasse, das er schon im Ersten Weltkrieg erworben hatte, und die Pioniere das Eiserne Kreuz II. Klasse.

Beim Jägerhof und auch bei Sasbach gelang der Übergang auf das französische Rheinufer ohne empfindliche Verluste. Unter den Stürmenden waren viele Breisacher. Beim Jägerhof konnte schon um 10.40 Uhr, bei Sasbach um 11.20 Uhr mit dem Fährenbau begonnen werden. Die ersten Verstärkungen, Sanitätswagen, Autos und der notwendigste

Einschüsse am Breisacher Münster

Nachschub wurden über den Rhein geschafft. Als noch am selben Abend beim Jägerhof eine Zwölf-Tonnen-Brücke fertiggestellt und am Abend des folgenden Tages auch bei Sasbach der Brückenschlag beendet war, konnten Truppen und Nachschub über den Rhein gebracht werden.

In Breisach wurde der deutsche Angriff durch starkes französisches Artillerie- und Maschinengewehrfeuer abgeschlagen. Der zweite Übergangsversuch, der am folgenden Tag zwischen zwölf und dreizehn Uhr mit Unterstützung von Sturzkampfflugzeugen durchgeführt wurde, war erfolgreich. Am 20. Juni hatten die Pioniere eine Dreißig-Tonnen-Behelfsbrücke für den Nachschub der Armee fertiggestellt. Am Abend des 21. Juni war der ganze Vogesenkamm in deutscher Hand. Als am 22. Juni der Oberbefehlshaber der Armeegruppe Ost kapitulierte, war der Widerstand der französischen Truppen gebrochen. Am 25. Juni, 1.35 Uhr, herrschte Waffenruhe im Westen.

Breisach hatte unter den Kampfhandlungen stark gelitten. Während des Übergangs über den Rhein lag die Stadt im Sperrfeuer der französischen Artillerie. Ein Munitionstransport, der in der Bahnhofsallee abgestellt war, wurde getroffen und flog in die Luft. Im Stadtgebiet waren 20 Häuser völlig zerstört und 200 beschädigt. Das Münster hatte mehrere Treffer erhalten, ein Geschoß beschädigte die Fresken Martin Schongauers an der Südwand der Westhalle. Elsässische Arbeitskräfte halfen die Trümmer beseitigen; nach zwei bis drei Jahren waren die Schäden ausgebessert und die Häuser wieder aufgebaut. Deutsche Pioniere stellten die Eisenbahnbrücke in 28 Tagen wieder her. Am 28. Juli 1940, dem Tag der Einweihung, konnte die Breisacher Zivilbevölkerung zum ersten Mal über den Rhein ins Elsaß hinübergehen.

Ende des Krieges (1944–1945)

Als sich Ende August 1944 die Front von Westen her der deutschen Grenze näherte, kehrten motorisierte Truppen über die Rheinbrücke zurück, von der Jugend freudig begrüßt. Fahrzeugkolonnen fuhren ins Elsaß, um die Deutschen und ihren Besitz zurückzuführen. Anfang September mußten im Rahmen der Sicherung der Westgrenze 500 bis 600 Breisacher, meistens Frauen und Jugendliche, täglich – auch sonntags – im Elsaß und in den Rheinwaldungen schanzen. Der Fliegeralarm häufte sich, feindliche Flugzeuge kreisten über der Stadt und griffen durchfahrende Züge und Lokomotiven an. Auch die schanzenden Frauen wurden beschossen. Vier feindliche Flugzeuge griffen am 9. September 1944 im Tiefflug das Mortorschiff Expreß 21 der Neptun AG in Basel auf der Höhe von Oberrimsingen mehrfach an. Die Öltanks wurden getroffen, das Schiff war manövrierunfähig geschossen und stand in Flammen. Zwei Mann der Besatzung waren tot und drei verletzt, eine Frau verbrannte in den Flammen, zwei ertranken in den Fluten des Rheins, als sie sich an das elsässische Ufer retten wollten. Von Belfort her war der Kanonendonner zu hören. Ununterbrochen fluteten die deutschen Truppen über den Rhein zurück. Schwere Eisenbahnflak fuhr in den Bahnhof ein. Aus Radolfzell kamen Anfang Oktober 1944 etwa 500 Hitlerjungen zum Schanzen und wurden in der Realschule untergebracht. Soldaten besetzten wieder die Bunker des Westwalls. Am 26. Oktober fand auf dem Neutorplatz eine Versammlung statt, um alle Männer im Alter von 16 bis 60 Jahren zum Volkssturm aufzurufen.

Am 31. Oktober, kurz vor drei Uhr nachmittags, war der erste Bombenangriff auf das Zentrum der

Stadt. Durch einen Volltreffer wurde das Spector zerstört, weit im Umkreis waren Häuser beschädigt, Dächer abgedeckt und Fensterscheiben zerbrochen. Berge von Mörtel, Schutt und Glas lagen auf dem Gutgesellentorplatz. Vier Todesopfer hatte der Angriff gefordert, dreizehn Zivil- und fünf Militärpersonen waren schwer- oder leichtverletzt. Zum Gedächtnis an diesen Tag wird jeweils am 31. Oktober um 15 Uhr die große Glocke des Münsters geläutet. Am 1. November 1944 wurde wegen der Jabo-Angriffe die Schiffsbrücke unterbrochen und nur noch eine Fährverbindung nach dem Elsaß aufrechterhalten. Pioniere bauten die Eisenbahnbrücke zugleich als Straßenbrücke aus. Die Zahl der Flüchtlinge aus dem Elsaß nahm zu, meist Frauen mit ihren Kindern. Immer mehr Truppen und Material wurden über den Rhein zurückgeführt. Die Amerikaner marschierten in Schlettstadt und die Franzosen in Straßburg ein. Gerüchte gingen um, daß feindliche Panzer in Weil seien, daß die Franzosen den Rhein überschritten hätten, daß amerikanische Panzer bei Hüningen durchgebrochen seien und schon vor Mülhausen ständen.

Am 26. November wurden wieder Bomben auf die Stadt abgeworfen, ohne allerdings nennenswerten Schaden anzurichten. Der Angriff auf Freiburg am 27. November 1944 hatte wie ein Schock auf die Breisacher gewirkt. Bei jedem Alarm suchten sie nun die Schutzkeller auf und saßen resigniert in den Bunkern. Viele Leute brachten ihre Habe mit Lastwagen und Fuhrwerken in Sicherheit. Scharenweise verließen die Breisacher die Stadt, um bei Verwandten oder Bekannten unterzukommen. Truppen kamen über den Rhein zurück, meistens in der Nacht, mit Autos und Lastwagen, zu Fuß und mit französischen Bauernkarren. Auch Frauen und Kinder waren dabei. Entsetzliche Szenen spielten sich ab. Da die Brücke nur seitliche Begrenzungsbalken, aber kein Geländer hatte, stürzten Frauen und Kinder, Vieh, Pferde und Wagen in den Rhein. Feindliche Flugzeuge griffen mit abgestelltem Motor die Brücke an und nahmen den Durchgangsverkehr in den Straßen der Stadt unter Maschinengewehrfeuer. Seit Anfang Dezember konnten wegen der Fliegerbedrohung die Gottesdienste im Münster nur in aller Frühe gehalten werden, vom 8. Dezember an nur noch in der Spitalkirche. Immer mehr Häuser wurden zerstört, Menschen wurden verschüttet oder kamen ums Leben, Vieh wurde getötet.

Am 5. Dezember 1944 wurden die Frauen und Kinder, die alten und gebrechlichen Leute in den Raum Donaueschingen und Villingen evakuiert. Am 10. Dezember folgte ein zweiter Transport mit etwa 350 Personen, die nicht unbedingt in Breisach verbleiben mußten. Die Mitnahme von Sachwerten war auf das allernotwendigste Reisegepäck beschränkt. Nur 385 Personen waren zurückgeblieben: der Volkssturm und alle Männer bis zum 65. Lebensjahr, die Landwirte und Personen, die in der Partei tätig und bei Behörden beschäftigt waren. Schon Mitte Dezember 1944 kehrten viele der Evakuierten wieder zurück. Nach einer Zählung von Mitte Januar 1945 waren 800 Personen in Breisach anwesend. Sie hausten in Kellern, Felsenhöhlen und Bunkern. Das Bürgermeisteramt, die Sparkasse und die Volksbank hatten ihre Diensträume in die bombensicheren Keller der Sektkellerei Deutz & Geldermann verlegt. Auch das Lazarett und ein Schutzraum für die Zivilbevölkerung waren dort eingerichtet. Die Felsenhöhle im Eckartsberg hinter der Spitalkirche diente etwa 30 Personen als Aufenthaltsort bei Fliegerangriffen. Als das Allerheiligste dort untergebracht war, war sie auch die Gebetsstätte der Katholiken. Den Heiligen Abend verbrachten viele in diesem Keller, die Christmette wurde in der Spitalkirche gefeiert.

Am 16. Dezember 1944 schoß die deutsche Flak einen feindlichen Bomber ab, der auf ein zweites, unter ihm fliegendes Flugzeug stürzte. Das eine Flugzeug fiel in die Oberstadt, das andere auf die Lagerhalle des Umschlaghafens. Drei Bomben, die der Flugzeugführer im Notwurf gelöst hatte, zerstörten mehrere Häuser in der Fischerhalde. Am 23. Dezember stürzte ein weiteres Flugzeug in der Fischerhalde ab. Die Alarmierung der Zivilbevölkerung durch die Luftschutzsirenen klappte nicht mehr. Der Alarm wurde zu spät gegeben und wiederholt fielen noch Bomben nach der Entwarnung. Besonders bei den Eisenbahnpionieren gab es deshalb viele Verwundete und Tote, weil sie sich bei den Reparaturarbeiten an der Brücke nicht mehr rechtzeitig in Sicherheit bringen konnten. Vom 26. Dezember an wurde kein Fliegeralarm mehr gegeben.

Breisach war in den Mittelpunkt der kriegerischen Ereignisse im Elsaß gerückt und wieder in seine alte Rolle als Brückenkopf am Rhein gedrängt worden. Anfang Dezember wurden etwa 260 leichte und schwere Flakgeschütze auf Breisachs Gemarkung und 150 im linksrheinischen Elsaß zusammengezogen, um die deutschen Truppen, die vielen Verwundeten und das Kriegsmaterial vor dem schweren Druck der angreifenden amerikanischen und französischen Divisionen über die einzige Eisenbahnbrücke im süddeutschen Raum aus dem Elsaß zurückführen zu können. Am 10. Dezember 1944 wurden Maschinengewehr- und Geschützstellungen in der Oberstadt und um das Münster herum gebaut und einige Tage später bezogen. Mehrere Sperrballons sollten das Gebiet gegen Tieffliegerangriffe sichern. Stadtpfarrer Höfler und mit ihm Fabrikant Obrecht erhoben immer wieder Einspruch bei den zivilen und militärischen Dienststellen. Stadtpfarrer Höfler wandte sich an den Erzbischof und die kirchliche Denkmalspflege, damit sie sich beim Reichskonservator für die Räumung der Stellungen in der Oberstadt einsetzten. Bei mehreren Besprechungen mit dem Flakkommandanten und seinem Adjutanten erklärte er, die Nachwelt müsse wissen, wer die Schuldigen an einer möglichen Zerstörung des Münsters seien. Auch Bürgermeister Schilli von Breisach sprach nach anfänglichem Zögern bei den militärischen Dienststellen vor. Erst am 4. Januar 1945 kam es zu einer Besprechung mit dem Kampfkommandanten. Stadtpfarrer Höfler forderte erneut die Räumung der Oberstadt von den Maschinengewehr- und Geschützstellungen, um dem Feind, wie 1939 und 1940, keine Handhabe zu geben, das Münster in den Feuerbereich der Artillerie zu ziehen. Der Kampfkommandant lehnte aus taktischen Gründen die Forderung ab und erklärte, daß in einem totalen Krieg keine Rücksicht auf Kulturwerke genommen werden könne. So stand das Münster einsam da, die Glocken läuteten nicht mehr und kein Gottesdienst fand mehr statt. Die Uhr war zehn Minuten vor zwölf stehengeblieben.

Zu den Fliegerangriffen kam Anfang Januar 1945 Artilleriebeschuß. In der Stadt wurden Panzersperren errichtet. Die Bevölkerung kam in diesen Wochen und Monaten nicht mehr zur Ruhe, stets herrschte höchste Alarmbereitschaft. Das Störungsfeuer auf die Stadt nahm zu, die Gottesdienste waren vom 1. Februar an nur noch im Felsenkeller des Spitals. Während der ersten Messe fand dort eine Trauung statt.

Die Anordnung der totalen Räumung der Stadt erfolgte am 2. Februar 1945 kurz vor zwölf Uhr. 36 Stunden später sollte die Bevölkerung wegen des starken Beschusses, der auf Breisach lag, zum Bahnhof nach Ihringen verbracht sein. Da möglichst viel Gepäck, Betten, Kleider, Eßvorräte und auch Heizmaterial mitgenommen werden sollte, war es persönliche Aufgabe des Bürgermeisters, für Gespanne zu sorgen. Der stellvertretende Bürgermeister Otto Gutmann hatte den Auftrag, die Evakuierung der Landwirte durchzuführen. Am Morgen des 3. Februar sprach Bürgermeister Schilli der Bevölkerung, die in großer Zahl Zuflucht in der Sektkellerei gefunden hatte, noch Mut und Zuversicht zu. Doch eine geordnete Evakuierung der Bevölkerung war nicht mehr möglich. Die Landwirte waren zum Teil beim Volkssturm eingesetzt oder gingen an den Abtransport ihres eigenen Hausrats, des Viehs und der Futtervorräte, Lastwagen waren nicht aufzutreiben, und Gespanne der Wehrmacht, die das Gepäck der Bevölkerung nach Ihringen bringen sollten, waren nicht zur befohlenen Zeit erschienen. Nur mit den Pferden und der Zugmaschine der Spitalverwaltung konnten einige Fuhren unternommen werden. Die meisten Flüchtlinge mußten zu Fuß den weiten Weg nach Ihringen antreten. Auf Karren und Wägelchen nahmen sie ihre wenigen Habseligkeiten mit und waren wegen des Beschusses gezwungen, weite Umwege zu machen. Als sie die Stadt verließen, brannten das Kloster, die Volksschule und mehrere Häuser der Oberstadt. Aus der roten Glut der Flammen ragten die Umrisse des Münsters zum Himmel empor. Vieles an diesem Abend erinnerte an die Zerstörung Breisachs und an die Flucht der Bewohner im Jahre 1793. Während in Ihringen das Gepäck in Güterwagen verladen wurde, lag der Bahnhof unter Artilleriebeschuß. Zwei Personen wurden verletzt. Wenige Minuten nach Abgang des Sonderzuges am frühen Morgen des 4. Februar flog ein Munitionszug in die Luft. In kleinen Gruppen wurden die Breisacher in etwa 30 Gemeinden im Schwarzwald, am Bodensee und in Württemberg aufgeteilt. 162 Personen, meist Landwirte, und 80 Stück Vieh waren in Ebringen untergebracht. Die Stadtverwaltung hatte sich in den Abendstunden des 3. Februar aufgelöst. Bürgermeister Schilli verließ kurz vor Mitternacht in seinem Pkw die Stadt. Nur die Volkssturmmänner aus Breisach, Emmendingen und Freiburg lagen noch in den Bunkern, etwa 30 Zivilpersonen blieben in der Stadt zurück.

Am Abend des 4. Februar setzte ein 24stündiges Trommelfeuer mit stärksten Kalibern ein. Zeitweise nahm das Artilleriefeuer die Geschwindigkeit eines Maschinengewehrfeuers an. In kurzen Abständen folgte Fliegerangriff auf Fliegerangriff. Auf der linken Rheinseite rollten feindliche Panzer. Jeden Augenblick erwartete man den Rheinübergang der Amerikaner. In der Nacht sprengten die Deutschen die Eisenbahnbrücke über den Rhein. Die Flak zog ab, um Sperriegel im Vorland des Schwarzwaldes und in den Schwarzwaldpässen zu beziehen. Am 5. Februar brannten das Rathaus, das Präbendhaus und das Burghaus Kißler ab. Unter starkem Feuer wurde in der Nacht zum 6. Februar das Vieh des Spitals über Merdingen und Umkirch nach Kappel bei Freiburg gebracht. Am folgenden Morgen war ein großer Teil der Stadt den Bränden zum Opfer gefallen. Es gab kaum ein Haus mehr, das nicht durch Einschläge beschädigt oder völlig zerstört war. Auch das Zeltdach über dem Hauptportal des Münsters stand in Flammen. Stadtpfarrer Höfler, vier Vinzentius-Schwestern des Krankenhauses, Gottfried Bruder, der Oberknecht des Spitals, und einige französische und russische Kriegsgefangene flüchteten in den Morgenstunden des 7. Februar mit ihren Habseligkeiten unter starkem Beschuß aus der

Stadt. Die letzten deutschen Soldaten verließen die Bunker und Gräben des Westwalls. Nur wenige Einwohner waren noch in den Trümmern der Stadt zurückgeblieben. Die Rückkehr nach Breisach war ab 2. April 1945 nur noch mit einer Bescheinigung der NSV Breisach, die nach Meßkirch ausgelagert war, und mit Genehmigung der Kreispolizeibehörde in Freiburg gestattet.

Für Breisach hatte die Todesstunde geschlagen. In etwa 130 Fliegerangriffen und unter dem Feuer von Zehntausenden von Spreng- und Phosphorgranaten wurde die Stadt innerhalb weniger Tage in Schutt und Asche geschossen. Im Schutze des Brückenkopfes Breisach konnten das Elsaß geräumt und Hunderttausende deutscher Soldaten über den Rhein zurückgeführt werden. Der Preis war die völlige Zerstörung der Stadt.

Kriegerdenkmal in Breisach

Breisach

Bei Sasbach

Georg Schmidt-Abels

Ein kleiner Berg am grossen Fluss

Das Rattern der Räder auf den Planken der eisernen Schiffsbrücke ist verstummt. Jetzt rollen die Fahrzeuge auf dem glatten Belag einer neuen Brücke über den Rhein und leiten ein neues Kapitel in der langen Geschichte dieses Übergangs ein. Es ist die Geschichte eines ganz besonderen Ortes in der oberrheinischen Landschaft, und im Mittelpunkt steht ein vulkanischer Hügel, der Limberg, der nordwestliche Ausläufer des Kaiserstuhls.

Millionen Jahre vor unserer Zeit ist er als kleine Nebensache des großen Kaiserstuhl-Vulkans von den Gesteinsschmelzen gebildet worden, die durch Spalten in der Erdkruste aus der Tiefe aufgestiegen sind. Und schon da fing es mit den Besonderheiten an, denn die Lavaströme brachten hier ein seltenes Gestein ans Tageslicht. Es wird Limburgit genannt und kann in den stillgelegten Steinbrüchen besichtigt werden, in denen schon die Römer ihr Baumaterial gebrochen und rheinabwärts bis nach Straßburg verschifft haben.

Für die Bedeutung des Limbergs entscheidend war allerdings nicht seine geologische Beschaffenheit, sondern seine Lage direkt am Rhein, ursprünglich sogar halbinselartig in einer Flußschleife, also auf drei Seiten von Wasser umgeben. Wie eine natürliche Festung ragt er so aus der Ebene auf, und sein Hochplateau bot sich schon früh als sicherer Siedlungsplatz an – mit freier Sicht in alle Richtungen. Dazu kommt seine Funktion als fester Brückenkopf in der ehemals wilden Stromlandschaft, in der sich der Rhein immer wieder Wege suchte und bei Hochwasser über die Ufer trat.

Kein Wunder, daß die Menschen bei so günstigen Bedingungen, zu denen auch die guten Verbindungen ins Hinterland gehören, hier offenbar durch alle Zeiten hindurch den Fluß überquert, Siedlungen angelegt und militärische Stützpunkte errichtet haben. Schon in der jüngeren Steinzeit (im dritten Jahrtausend vor Christus) gab es auf dem Limberg ein befestigtes Dorf – eine der größten Höhensiedlungen der sogenannten „Michelsberger Kultur" im Oberrheintal. Später bauten die Kelten hier oben eine Stadt, ein „Oppidum", wie es aus Cäsars „Gallischem Krieg" bekannt ist, ein Stammeszentrum mit dem typischen Schutzwall aus Holz, Erde und Steinen, dem „murus gallicus", von dem heute noch Reste zu erkennen sind. Und am Rhein unten lag ein keltisches Fischerdorf – ein Vorläufer des späteren Sasbach –; es hat wohl die Stadt auf dem Berg mit Nahrung versorgt.

Die Leute am Wasser haben ihre Fische wahrscheinlich auch an die einrückenden Römer verkauft, die vor allem den militärischen Wert des Limbergs nutzten und zunächst auf der Hochfläche innerhalb der keltischen Anlage, später dann in der Ebene Truppenlager einrichteten. Die Römer bauten aber vor allem die Straßenverbindungen aus und machten den uralten Weg über den Rhein zusammen mit dem jüngeren an der Sponeck bei Jechtingen zur verkehrstechnisch wichtigen „Querspange" im Rheintal.

Zur Bedeutung dieser Ost-West-Route schreibt der Freiburger Archäologe Gerhard Fingerlin, der sich eingehend mit den Verhältnissen am Limberg befaßt hat und einer der Mitarbeiter an dem hier angelegten wissenschaftlichen Lehrpfad war:

„Diese Straße kam über die Vogesen aus dem Inneren Frankreichs und führte am Nordrand des Kaiserstuhls entlang zum Rand des Schwarzwaldes, von dort dann durch das Gebirge zur oberen Donau und weiter donauabwärts nach Osten. Am Schwarzwaldrand traf sie auf eine nicht minder wichtige Nord-Süd-Verbindung durch das Oberrheintal, die in römischer Zeit Basel und Mainz verband, in beiden Richtungen aber weiterführte und damit für unser Gebiet den Anschluß an mediterrane Länder, Südfrankreich und Italien herstellte. Auch der Rheinstrom selbst war zu allen Zeiten eine wichtige Wasserstraße, mehr Verkehrsader als Grenze. Ein Ort wie Sasbach war damit in weitreichende Beziehungen hineingestellt, besaß aber vor allem hohen strategischen Wert als ein Punkt, an dem diese Verbindungen kontrolliert, gesichert, aber auch unterbrochen werden konnten."

So wuchs der Ort Sasbach am Limberg besonders im frühen Mittelalter zu einem „zentralen Ort" heran, was sich auch in den großen merowingerzeitlichen Gräberfeldern zeigt, die mit mehr als 2000 Gräbern den bisher größten Alemannenfriedhof des Breisgaus in Mengen weit übertreffen. Sasbach gehört damit nach Darstellung Fingerlins „zu einer Größenordnung, die in Süddeutschland nur noch selten, häufiger in den zentralen Gegenden des fränkischen Reiches erreicht wurde".

Zur Sicherung des Rheinübergangs, der Beherrschung des Landes und der Wege (Sasbach war Königsgut), bauten die Franken wie schon ihre Vorgänger auf dem Limberg eine Festung – die „Alte Limburg", vermutlich eine Gründung des 7. Jahrhunderts, auf der Südspitze und höchsten Stelle des Berges. Heute ist davon nur noch ein Wall und ein kleiner Rest des Rundturms vorhanden, und auch der droht bald in den angrenzenden Steinbruch zu stürzen. Etwas mehr sieht man von der eigentlichen Limburg, die im 11. Jahrhundert weiter nach unten an den Westhang verlegt wurde, offenbar zur besseren Überwachung des Flußübergangs.

Um den Besitz dieser Burg, zu der auch die Fähr- und Zollrechte gehörten, gab es zwischen den Grafen von Habsburg und den Grafen von Freiburg ständige Streitigkeiten, die erst nach dem Aussterben des Freiburger Grafengeschlechts endeten. In jener Zeit, im 15. Jahrhundert, wird erstmals urkundlich ein geregelter Fährbetrieb als der „var zu Limberg" erwähnt.

Jahrhundertelang fand die Überfahrt weiterhin mit gewöhnlichen Nachen statt, was besonders die Fuhrwerke sehr gefährdete. Erst nach Tullas Rheinkorrektur folgte eine entscheidende Verbesserung: Die Bürger von Sasbach beschlossen, das Überfahrtsrecht zu erwerben und eine neue Fähre zu bauen. Das größere und stabilere Fährschiff sollte jetzt an einem starken Drahtseil befestigt werden. Finanziert wurde die Einrichtung mit Subventionen des Badischen Großherzoglichen Finanzministeriums und am 4. Juli 1869 mit großem Pomp (in der Ruine Limburg wurde das Festmahl gehalten) unter Beteiligung von politischen, militärischen und zivilen Abordnungen von beiden Seiten des Rheins eingeweiht.

In die Zeit vor dieser Neuerung fiel ein Ereignis, das den Rheinübergang und ein zwölfjähriges Mädchen aus Sasbach im ganzen Land bekannt werden ließ. Die Sasbacher Ortschronik berichtet, daß am 15. September 1831 zwei Männer bei ungewöhnlich hohem Wasserstand und stürmischem Wetter ihren mit Holz beladenen Weidling über den Rhein zurückführen wollten, in der Mitte jedoch kenterten und ins Wasser stürzten. Auf ihre Hilferufe wagte sich die kleine Susanne Reisacher, die in der Nähe Ziegen hütete, allein mit dem Fährschiff hinaus und konnte die Verunglückten retten, nachdem zuvor die einzige erreichbare Person, die Frau des Fahrwirts, eine solche Aktion abgelehnt hatte, weil sie die Gefahr für zu groß hielt. Wie es heißt, bekam das Mädchen daraufhin vom Großherzog die goldene Verdienstmedaille und eine Belohnung von 200 Gulden.

Mit der neuen „fliegenden Fähre" am Seil kostete eine „Reise hin und her" für eine Person 15 Pfennig, für ein „Stück Vieh" 75 Pfennig und für eine Kutsche eine Mark. Es gab unterschiedliche Tarife für kleine und große Schweine, kleine und große Fässer, einrädrige und zweirädrige Schubkarren.

Doch bald schon machte der deutsch-französische Krieg diesem Fährbetrieb ein plötzliches Ende. Als danach die badisch-elsässische Kooperation wieder klappte, wurde eine hölzerne Schiffsbrücke geplant und am 13. Juli 1873 eingeweiht. Auf elsässischer Seite war die Feststimmung diesmal nicht so gehoben wie bei der Einweihung der Fähre vier Jahre zuvor, berichtet die Sasbacher Ortschronik: „Die Bevölkerung stand noch unter dem Eindruck zweier Hinrichtungen, die von deutschen Soldaten an der Friedhofsmauer von Marckolsheim vollstreckt worden waren."

Bis in die dreißiger Jahre unseres Jahrhunderts diente diese schwimmende Konstruktion, dann wurde der Rhein wieder zur „scharfen Grenze", die Brücke ausgefahren, der Verkehr unterbunden. Und in den Limberg wühlten sich die Westwall-Bauer, setzten ihre MG-Bunker unter die mittelalterliche Burg. Wieder stand der geschichtsträchtige Hügel im Zentrum der Ereignisse – das große Schießen begann.

Fast 30 Jahre nach dem Krieg ist der Rheinübergang bei Sasbach schließlich noch einmal Schauplatz ungewöhnlicher Ereignisse: Die seit 1961 für den allgemeinen Verkehr benutzte Pontonbrücke der Nato wird am 20. September 1974 von Demonstranten gegen das geplante Bleichemiewerk in Marckolsheim gesperrt. Und auf dem Limberg gibt es seit damals neben dem beschilderten „Breisgaublick", dem „Vogesenblick" und „Kaiserstuhlblick" noch einen inoffiziellen „hoffnungsvollen Blick" hinüber zu jener Stelle, wo das Industrieprojekt durch eine Bauplatzbesetzung verhindert wurde. Dazu kam damals der Blick nach Norden zum vorgesehenen Standort für das Atomkraftwerk Wyhl. Bei den Bürgerinitiativen hieß diese Aussicht „der katastrophale Blick". Wie sagt doch der Limbergführer? „Hier stehen wir an einer Stelle unserer oberrheinischen Heimat, die uns durch ihre einzigartige Lage und ihre einmalige Naturausstattung auf engstem Raum in geradezu großartiger Weise all das vor Augen führen kann, was das fesselnde Wechselspiel von Naturbedingungen und menschlichen Schicksalen am Oberrhein zu bieten vermag."

Bei Sasbach

Jean

Der Piratensender

Über dem Rheintal lag der Sommerdunst. Als ich aus dem Wagen stieg, kam mir Claude entgegen. Er lächelte kaum. In seinem Gesicht stand die Spannung: Würde es auch diesmal klappen?

Wir gingen die wenigen Schritte zum Haus unseres badischen Gastgebers hinüber, kletterten die hölzerne Stiege hinauf, begrüßten die Großmutter, die uns, ohne viel Worte zu machen, wie eine Eingeweihte empfing.

Hans schenkte uns roten Kaiserstühler ein. Wir redeten über die Lage. Schließlich tauchten auch Victor und Gerd auf. Nervös erkundigte sich Claude immer wieder nach der Uhrzeit. Es war immer noch nicht klar, von wo gesendet werden sollte. Claude wollte wieder an den Platz, wo das Fernsehen gesendet hatte. Victor hatte Angst davor. Unnachsichtig rückte der Uhrzeiger weiter. Hans, der Winzer, telefonierte. Dann stand der neue Sendeort fest. Eine halbe Stunde vor der in den elsässischen Zeitungen angekündigten Sendezeit fuhren wir los. Wir parkten die Autos unter Bäumen, damit sie vom Hubschrauber aus nicht gesehen werden konnten. Mit dem Hubschrauber hatte uns die Polizei das letzte Mal erfolgreich angepeilt. Wir wußten nicht, ob sie die Deutschen gewarnt hatten, ob man schon hinter uns her war.

Noch eine Viertelstunde bis 19.45 Uhr. Claude und Gerd rannten mit den Plastiktüten, in denen das Sendegerät steckte, den Waldpfad entlang davon. Victor und ich hatten noch mit dem Parken der Wagen zu tun. Als wir damit fertig waren, konnten wir keine Spur mehr von den beiden entdecken. Aber nur Gerd kannte den Weg. Wir hetzten also durchs Gebüsch, bis wir auf eine Lichtung kamen. Eine Fährte im hohen Gras. Sind sie hier gegangen? „Spurenlesen müßte man können, wie Old Shatterhand", sagte ich zu Victor, der den Recorder trug, der als Prüfgerät diente.

Victor schaute auf die Uhr. „Noch fünf Minuten", sagte er und wischte sich den Schweiß von der Stirn. „Zurück", entschied ich, „wir müssen an der Kreuzung rechts gehen, sie können nicht weit sein." Gott sei Dank, an der Kreuzung kam uns Gerds lange Gestalt entgegen: „Wo bleibt ihr denn?"

„Wir haben uns verlaufen."

„Kommt mit!"

Zwei Minuten später langten wir an dem Ort an (den ich leider nicht beschreiben kann). Claude war schon fertig, die Antenne aufgebaut, die Batterie angeschlossen, der Verstärker, der Recorder mit dem Sendeband. Claude nahm Gerds Arm und drehte ihn so, daß er die Uhrzeit auf dessen Armbanduhr sehen konnte. Er lächelte: „Genau 19.45 Uhr." Victor hatte die Antenne seines Radiorecorders ausgefahren. Gerd zückte den Feldstecher und suchte den grauen Himmel ab. „Kein Hubschrauber", sagte er und setzte das Glas ab, „kein Wetter heute für Hubschrauber." Claude drückte auf die Taste. In Victors Radio rauschte und knackte es. Dann auf einmal wilde bretonische Volksmusik. Blende. Eine Frauenstimme: „Ici radio verte Fessenheim!" Gleich darauf eine Männerstimme auf elsässisch: „Do isch Radio verte Fessene, üsr Sandr gage Adomkraftwarke un d' Induschtrialisierung em Rhidaal." Wieder die Musik.

Wir schauen uns an und grinsen. Gerd hebt wieder sein Glas an die Augen und sucht den Himmel ab. Victor, sein Radio im Arm, schaut mich an, ich schaue Claude an. Alle drei denken wir wohl dasselbe: Wie weit wird man den Sender hören? Wir wissen noch nicht, was wir später erfahren, daß die Sendung von Strasbourg bis Basel, von Freiburg bis Colmar und Thann gehört wurde, am besten natürlich am Kaiserstuhl und in der Gegend von Marckolsheim und Fessenheim, wo es am wichtigsten ist.

„Die Leute, die Angst haben, auf der Straße ein Flugblatt der Atomgegner anzunehmen, weil die Nachbarn sie dabei beobachten könnten, weil es so aussehen könnte, daß sie sich durch die Annahme des Flugblattes mit unserer Sache identifizieren – diese Leute hören uns", hatte Claude vorhin beim Bauern gesagt. Und hinzugefügt: „Die Leute, die Bauern, die nicht schreiben, die aber reden, wie ihnen der Schnabel gewachsen ist, können über unseren Sender endlich sagen, was die Reporter der Zeitungen sich nicht zu schreiben trauen." Ich erinnerte mich an die letzte Sendung, als ein Bauer im Freundschaftshaus von Heiteren gesagt hat, daß alle Petitionen und Unterschriften der Bevölkerung vom Präfekten in den Wind geschlagen wurden und daß, wenn das die französische Demokratie sei, man sich ruhig eine Platzbesetzung als letztes Mittel erlauben dürfe.

Und Claude hatte kommentiert: „Unser Radio ist die Fortsetzung unseres gewaltfreien Kampfes, der bei Marckolsheim begann und über Wyhl und Kaiseraugst und Gerstheim und Heiteren bis zum Hungerstreik der Ökologisten ging. Wir tun ja niemandem weh damit, wir brechen nur das Rundfunkmonopol…"

Er hatte nicht erwähnt, daß ihm und Victor ein Jahr Gefängnis droht, wenn sie die Polizei erwischte. Vielleicht sogar noch mehr, wenn die Sache vor den Staatsgerichtshof kommt. In Deutschland sind es fünf Jahre Gefängnis, die man wegen Verstoßes gegen das Monopol bekommen kann.

Wir lauschen. Gerade kommt das Interview mit dem Wyhl-Anwalt de Witt. Die Fragen sind französisch, der Anwalt antwortet auf deutsch: „Anders als in der Bundesrepublik ist es in Frankreich nicht möglich, vor dem Verwaltungsgericht gegen den Bau von Atomkraftwerken zu klagen. Erst, wenn ein Unfall geschehen ist, haben die Verletzten und die Erben der Toten das Recht, die EdF (Electricité de France) auf Schadenersatz zu verklagen."

Claude schaut mich an, gekrümmt sitzt er unter der Antenne und hält den Kassettenrecorder. Seine Stimme kommt aus dem Radio: Ein Kommentar zu dem Attentat auf den Chef der EdF in Paris. „Wir sind gegen jeglichen Angriff auf das menschliche Leben", sagt Claudes Stimme, „wir bekennen uns ohne Einschränkungen zum Prinzip der Gewaltlosigkeit."

Das Programm läuft weiter. Jetzt eine Life-Reportage aus Gösgen, vom brutalen Polizeieinsatz gegen die gewaltlosen Schweizer Atomgegner. Man hört die Wasserwerfer zischen, das Geschrei der Menschen, Hundegebell und die aufgeregte Stimme einer Frau, die offenbar aus einem Auto heraus berichtet. Die Schweizer haben auch einen Sender, aber der ist klein wie eine Zigarettenschachtel, hat nur geringe Reichweite. „Radioaktiv-freies Gösgen" heißt er.

Claude dreht wieder Gerds Arm herum: Noch zehn Minuten. Eine halbe Stunde dauert die Sendung diesmal. Genug Zeit für die Polizei, uns anzupeilen.

Im Radio jetzt Klaviermusik und ein französisches Gedicht, gewissermaßen der Kulturteil der Sendung. Jean-Paul Klee liest sein Gedicht über

Hiroshima und Fessenheim. Dann wieder die wilde bretonische Musik und die Frauenstimme. Sie gibt die Adresse für die Hörerpost an: Alain Boos in 67250 Soultz sous Fôrets, Ecole de Kutzenhausen, Frankreich.

Die elsässische Männerstimme spricht die Hörer an: Radio verte sei eine Radiostation der Bevölkerung, jeder könne mitmachen und Einfluß auf das Programm nehmen.

Dann ist die Sendung zu Ende. Diesmal hat sich kein Hubschrauber sehen lassen. Claude und Victor packen die Geräte hastig zusammen. Gerd geht voraus durch den Wald. Bei Gefahr wird er laut fluchen, so daß die anderen fliehen können. Aber er flucht nicht. Wir erreichen die Autos und fahren davon. Geglückt!

Altrhein

Rheinauen

Europaparkplatz in Rust

Kehl / Straßburg

Hermann Ebeling

Ganz kleiner Grenzverkehr

„Sind Sie nun eigentlich Deutscher oder Franzose?" fragen die Leute manchmal, ich wohne nämlich seit anderthalb Jahrzehnten in Frankreich, obwohl ich ganz bieder und gewöhnlich im Ruhrgebiet geboren bin. Aber fünfzehn Jahre Frankreich und französische Frau und französische Kinder – das färbt ab. Meine Kleidung hat so den echten französischen Chic, made in Macao oder Hongkong, Auto und Autonummer sind französisch, mit meinem Französisch aus der harten Alltagsschule des Familienlebens kann ich deutsche Ohren leicht täuschen.

„Sind Sie nun eigentlich Deutscher oder Franzose?" fragen sie und denken sich ihren Teil, wenn ich dann über die Raffinessen der Doppelstaatlerei spreche. Die aber bleibt mir verschlossen; ein Beamter hat es mir erklärt, ich könne ruhig aus dem deutschen Staatsverband gehen, es bestehe kein öffentliches Interesse an mir, dann würde ich eben Franzose sein und kein Deutscher mehr.

Also: das Auto französisch, die Frau, das Herz. Deutsch ist der Magen. Der ist der eigentlich konservative Körperteil, läßt mich träumen von den Wunderdingen der deutschen Bäcker: Roggenbrot, Graubrot, Vollkornbrot, Fünfkornbrot mit Spelz, biologisches Urbrot; ach, selbst die ordinärste Laugenbrezel gehört noch dazu. Das alles liegt dann hinten im Auto, wenn ich nach Hause fahre, aus Deutschland nach Frankreich. Die beiderseitigen Grenzbeamten interessieren sich nicht dafür. „Reiseproviant" nennt man das in den einschlägigen Bestimmungen. Es ist ihnen nie aufgefallen, daß ich auch morgens Brot dabei habe, wenn ich nach Deutschland fahre: weißes, schneeweißes, blütenweißes, weißbrotweißes Brot, ficelles und baguettes und flûtes, wohlschmeckende Krusten, die um die weiße Trägersubstanz herumgebacken sind. Kollegen gibt es, die sind ganz versessen darauf, oder auf die „Madeleines", dieses französische Gebäck par excellence, an das sich deutsche Bäcker nicht wagen und mit dem selbst elsässische Backstuben ihre Schwierigkeiten haben.

Dann aber: wenn schon Brot, warum nicht auch Zigaretten. „Denken Sie mal" sagt man zu mir, „was bei uns die Gitanes ohne Filter kosten, bei Euch kosten sie gerade die Hälfte, da könnten Sie mir doch eigentlich immer, wenn Sie kommen..." Nun ja, man will es sich mit niemandem verderben; kriegt er also immer zwei Päckchen mitgebracht. Das ist auch noch Reiseproviant.

Ach ja: „Diese herrlichen Mentholzigaretten, gibt es nur im Ausland, und in der ganzen Bundesrepublik ist die Lancôme-Wimperntusche, schwarz, Nachfüllung, in der länglichen Packung, ja nicht in der runden, in der ganzen Bundesrepublik ist die nicht zu finden, wenn Du vielleicht und die leicht gesalzene Butter, nur Franzosen können das, du fährst doch sicher sowieso am Supermarkt vorbei, da könntest mir doch leicht... ja, mein Gott, und ich habe schon so lange keinen französischen Kaffee mehr gehabt, der war so in einer braunen Packung, oder vielleicht gleich zwei Päckchen, dann brauchst du nicht so oft zu laufen."

Ich lege mir also immer Auftragslisten an. Die könnte ich gegebenenfalls den Zollbeamten vorlegen. Aber ich vermute, die geben sich längst nicht mehr mit Zigaretten oder Schaumwein ab, sie stehen nur noch da als nationalstaatliche Drohgebärde. Geschäfte werden sowieso nur noch auf dem Papier getrieben, also auch der Schmuggel. Die Grenze ist vermutlich viel leichter zu überwachen als der internationale Papier-, Verordnungs- und Deklarationsdschungel. Wenn ich dann einmal mit einer Stereokompaktanlage ankomme und die treu und brav deklariere, weil die TVA, die ich den Franzosen bezahle, die bekomme ich von den Deutschen wieder, als Mehrwertsteuer, die ich nicht bezahlen muß, wenn ich den Gegenstand ausführe: Dreizehn Prozent Mehrwertsteuer haben mir die Deutschen zurückgezahlt, 33 Prozent Taxe à la valeur ajoutée haben die Franzosen verlangt. Als ich das Ding ausgepackt hatte, habe ich das Herkunftsland gesehen: made in France.

Wo denn die Stereoanlagen nun wirklich billiger wären, fragt der eine und, was der Reifen BLD 78 super in Frankreich kostet, und für wieviel Geld man eine gebrauchte Ente findet und wie man sie nach Deutschland bekommt, und wie das in Frankreich mit dem TÜV ist und ob es eigentlich nicht günstiger sei, das Auto zur Reparatur nach Frankreich zu bringen, da seien doch die Arbeitslöhne niedriger. Oder: Es gäbe da auf dem deutschen Markt so eine tolle Friteuse, ob ich die nicht gelegentlich mitbringen könne, ich müsse halt nur in ein paar Haushaltsgeschäfte schauen und was wohl Schindeln drüben kosten mögen, hüben gäbe es ja nur noch einen einzigen Schindelmacher, und wenn ich im übrigen von einem Haus im Elsaß hörte, billig, schön gelegen, mit Fachwerk und Bächlein, dann solle ich ihm das doch sagen, und ob ich auch mal Fotos mitbrächte, die seien doch berühmt, die französischen, aus Paris, oder wenigstens Parfum, da hätte man dann doch immer ein Geschenk auf Vorrat. Und billiger sei es auch.

Nichts ist erfunden. Und von dem Warmwassermischventil habe ich überhaupt noch nicht geredet und von dem Kinderfahrrad mit Freilaufbremse in der einen Richtung und dem Kinderfahrrad von Peugeot in der anderen Richtung. Ich will besser fragen, was denn eigentlich diese seltsame Kaufgier auslöst. Lange Erfahrung sagt mir, daß es nicht die billigeren Preise sind, einmal von da und einmal von dort gesehen, oft sind die Sachen gar nicht billiger.

Irgend etwas Unmeßbares muß den Sachen anhaften, wenn sie über die Grenze kommen. Schmugglerromantik? So ein Hauch von Abenteuer und Exotik? Französisches Flair? Deutsche Gründlichkeit? Oder spuken da noch Vorstellungen von der segnenden Kraft des Reisemitbringsels? Ideen, im großen internationalen Handel mitzumischen? – Deutsch-französischer Warenverkehr, Währungsgefälle und Kursschwankungen und Schlußverkäufe und Sonderangebote und TVA und Mehrwertsteuer und Ausfuhrdeklaration – ach, ich bliebe lieber bei meinem kleinen Schwarz- und Weißbrotkommerz. Da weiß man wo man dran ist, da hat man es schwarz oder weiß.

Europabrücke zwischen Kehl und Straßburg

Heinz G. Huber

Die Grenze, der Krieg und die Wunden der Geschichte

Ein vorzeitlich anmutender Hügel ragt aus dem Gestrüpp des Auwaldes. Hemmungslos wuchern Schlehendorn und Haselnußstauden. Geborstene Betonplatten kippen zur Seite, zerfetzte Betonbrocken hängen an rostenden Eisenmatten. Ein halbverschüttetes Loch, finster wie der Eingang eines Felsengrabes, führt ins Innere. Der Schlamm der Rheinüberschwemmungen hat den Bunker fast bis auf Erdbodenhöhe aufgefüllt. Efeu spinnt einen Rest der herausragenden Außenmauer ein, ein Fuchs hat sich in die Erde seine Höhle gegraben. Die Natur hat sich fleißig daran gemacht, die Spuren der kriegerischen menschlichen Geschichte zu beseitigen. Trümmer einer Vergangenheit sind zurückgeblieben, die schon in der Vorzeit zu liegen scheint: in der Vorzeit des menschlichen Hasses vor nur einem halben Menschenleben.

Ein Datum ist in einen Bunker bei Wintersdorf in den Beton eingeritzt, dazu die Anfangsbuchstaben derjenigen, die am Bau dieses Bunkers beteiligt waren. Dieses Monument mit 1,50 m dicken Wänden, hergestellt aus 600 m^3 Eisenbeton, schien für die Ewigkeit errichtet und hatte dennoch nur so lange Bestand wie jenes Reich, das angeblich tausend Jahre dauern sollte. Halbverschüttete Laufgräben neben dem Fahrweg sind noch erkennbar. Der Krieg wird hier für den Nachgeborenen auf eine bedrückende Weise erfahrbar. Damals war der Feind ausgemacht. Unwiderruflich wurden hüben und drüben die Grenzen zementiert, Maginotlinie gegen Westwall. Beton war der manifeste Ausdruck einer unwiderruflichen Grenzziehung. Der Krieg war nur eine Frage der Zeit.

Hitler ließ 1936 nach dem Einmarsch ins entmilitarisierte Rheinland unverzüglich mit dem Bau des Westwalls beginnen. Von Basel bis Holland zog sich der germanische Limes, an dem 1939 über 500.000 Menschen arbeiteten. Aus Ostpreußen, aus Pommern, aus Hamburg wurden Bauarbeiter herangekarrt. Die Turnhallen und Gasthäuser waren vollständig belegt, es wurden Zeltstädte errichtet. Die KdF schickte mobile Kinos und Wanderbühnen. Die Vergnügungsstätten im nahen Karlsruhe konnten einen lebhaften Betrieb melden. Solvente Westwallarbeiter füllten die Dorfkneipen und bändelten mit den Dorfschönen an. Unter den Augen der Franzosen, nur durch Sträucher und Schilfblenden gedeckt, wurde unmittelbar hinter dem Rhein die erste Befestigungslinie errichtet. Am 1. September 1939, als Hitler Polen überfallen hatte, wurden die Bunker bemannt, die Rheinaue zur Kampfzone erklärt. Mit Bussen wurden die Bewohner nach Rastatt gebracht, wo Transportzüge zusammengestellt wurden. Andere spannten Rösser oder Kühe vor das Fuhrwerk und fuhren mit Sack und Pack über den Schwarzwald ins Württembergische, wo ihre Unterbringung vorgesehen war. Die Schwaben nahmen die Flüchtlinge nicht immer freundlich auf. Das böse Wort von den „Westwallzigeunern" machte die Runde.

Mit seiner Kompanie rückte auch ein gewisser Hauptmann Ernst Jünger in die Stellungen am Rhein bei Greffern ein. Der Weltkrieg-I-erfahrene Autor von „In Stahlgewittern" führte eifrig Tagebuch* über seinen Aufenthalt an der Front, an der

* Gärten und Straßen, Tagebücher II, zitiert nach: Ernst Jünger, Sämtliche Werke, Band II, Stuttgart 1979.

doch kein Krieg geführt wurde. Der Zustand zwischen Krieg und Frieden, zwischen Normalität und Katastrophe mutete auch Ernst Jünger merkwürdig an: „Die Franzosen zeigen sich, ohne daß wir auf sie schießen und umgekehrt. Zwischen den Werken und Gräben pflügen die Bauern und bringen die Rübenernte ein. Auf der Straße nach Rastatt, die direkt an meinem Bunker vorbeiführt, rollen die Autos – vielleicht mit Geschäftsreisenden und Liebespärchen darin" (bei Greffern, 15. November 1939).

Ein gelegentliches Artillerieduell mit Verwundeten und sogar einmal einem Toten stört die Idylle. Jünger läßt von Scharfschützen die gegnerischen Schießscharten ins Visier nehmen und heizt gelegentlich einmal den „rabiaten Burschen" drüben kräftig ein. Ansonsten hat er viel Zeit, Enten, Reiher und Fasanen zu betrachten und Hebbels Briefe und Hesiod zu lesen. Bei Iffezheim bezieht er eine bequeme Schilfhütte, begutachtet Bunker und besucht den Posten auf dem Schwarzacher Kirchturm. Dabei hat er viel Zeit, über Gott und die Welt Betrachtungen anzustellen, und merkt an, daß in einer deutschen Terenzübersetzung „dem Partizipialsatz die Führung durch das grammatische Subjekt" fehle (7.2.1940). Vergeblich sucht man dagegen eine Reflexion über Unter- und Überordnung, über Sinn und Zweck des Krieges. Kein kritisches Wort über den Nationalsozialismus läßt sich finden. Jünger bettet sich ein in das weiche Etui eines Bildungsbürgers, der aus dem Mythischen schöpft, um die Gegenwart zu vergessen: „Als ich mit großer Mühe die ungeheure Stahltür geöffnet hatte und in die Betongruft hinabgestiegen war, stand ich zwischen den Maschinenwaffen, den Entlüftern, den Handgranaten und der Munition allein und hielt den Atem an. Zuweilen fiel ein Tropfen von der Decke, oder es läutete in verschiedenen Signalen das Festungstelefon. Hier erst erkannte ich den Ort als Wohnsitz eisenkundiger Zyklopen, denen das innere Auge fehlt" (5. Januar 1940). Die Landschaft, die unbestimmte Situation, die drohende Gefahr, das versetzte Jünger in den Dämmerzustand, „der mich wie eine Spinne nur durch einen unsichtbaren Faden mit der Wirklichkeit verband".

Die Soldaten, die sich in die Bunker einnisteten, hatten zuerst mit Schnaken, dann mit Hochwasser und Kälte zu kämpfen. Die Betongräber waren feucht wie Tropfsteinhöhlen. Zwölf Mann und ein Unteroffizier sollten darin Platz finden. Drei Liegen aus Maschendraht, primitive Tische und Sitzgelegenheiten sowie ein Kanonenofen bildeten die spartanische Inneneinrichtung. Die drüben waren in der gleichen Lage, das verband. Über die Grenze hinweg gab es Kontakte, man stellte bald die Lautsprecher-Propaganda ein, der Wind wehte vertraute alemannische Urlaute auf die andere Seite. Wenn ein Großkopfeter drüben auftauchte, der Kampfbereitschaft demonstriert haben wollte, warnten die „Wakkes" zuvor heimlich mit einer Flagge, bevor sie ein paar Tapferkeitssalven durch die Pappelkronen rauschen ließen. Und es gab die legendäre Roppenheimer Sau, die in Kriegszeiten so völkerbindend gewirkt hat. Sie war von französischen Landsern eingefangen worden. Da diese jedoch keinen Metzger hatten, kamen sie auf die tollkühne Idee, sich von den Deutschen einen auszuleihen. Über die gesprengte Wintersdorfer Brücke wurden Dielen gelegt. Im Morgennebel des 20. Dezember 1939 machte sich ein deutscher Landser, im Zivilberuf Metzgermeister und den bezeichnenden Namen Fettle tragend, über den Rhein, um der französischen Sau den Garaus zu bereiten. Herüber kam ein Pariser Figaro, der als Gegenleistung den deutschen Landsern die Köpfe rasierte. Der Krieg fand dann schließlich doch noch statt, doch die Soldaten in diesem Abschnitt hatten das Glück, daß sie nicht gegeneinander kämpfen mußten.

Das „Reich" ging in Trümmer wie die Bunker am Rhein. Wer in den gesprengten Festungswerken Symbole eines auf immer überwundenen Krieges sah, sollte sich täuschen. Auf den Gemarkungen von Os, Sandweier und Iffezheim fanden im Spätsommer 1951 ohne Wissen der deutschen Behörden Vermessungen statt. Die französischen Besatzer beabsichtigten einen Militärflugplatz zu bauen. Es gab Protestveranstaltungen, Eingaben und verzweifelte Widerstandsaktionen. Die Baden-Badener Bourgeoisie nutzte ihre Beziehungen zum französischen Militär aus, um den Flugplatz von der Kurstadt fernzuhalten. Anfang 1952 fraßen sich die Bagger in die Gemarkungen der Gemeinden Söllingen und Hügelsheim. Die Existenz vieler Landwirte wurde rücksichtslos zerstört. Schon am 4. September 1953 hielt ein kanadisches Geschwader seinen Einzug. Im Rahmen der Nato-Gesamtplanung war den Kanadiern der Flugplatz zugewiesen worden. In Söllingen und Hügelsheim entstand Klein-Kanada. Es gab einen Wohnungsboom, Arbeitsplätze für die Einheimischen, Umsatz für die Geschäftsleute. Aus den Besatzern wurden Verbündete. Akt II des Dramas, 1986. 5000 Kanadier sollen zusätzlich nach Söllingen verlegt werden. Für Flugplatzerweiterungen und für Bauland braucht man erneut Land. Enteignungen werden wieder anstehen. Ein paar Flugzeuge mehr werden im Tiefflug den verstörten Bundesbürgern ihre Verteidigungspräsenz demonstrieren. Der Kommandeur versicherte im Fernsehen, daß immerhin keine Atomwaffen auf dem Stützpunkt gelagert seien.

Die Fronten sind unsichtbar geworden. Die Reichweite der sowjetischen Mittelstreckenraketen macht jeden Ort der Bundesrepublik zum möglichen Zielobjekt. Das Weltall wird in die Planungen einbezogen. Da ist die alte Grenze ein Anachronismus. Frankreich und Deutschland sind zur Weltprovinz der Großmächte geworden. Der Zoll und die Flaggen sind lächerliche Anstrengungen der beiden Staaten, ihre (nicht mehr vorhandene) Souveränität zu demonstrieren.

Und doch hat auch die Grenze ihren Sinn. Sie zwingt uns, den Paß zu zeigen und unsere Identität, auch unsere geschichtliche, zu offenbaren. Sie bot den Flüchtlingen Schutz: Georg Büchner, der vor der Reaktion nach Straßburg floh. Carl Schurz, der aus der belagerten Festung Rastatt entkam und mit dem Dreibord bei Steinmauern über den Rhein setzte. Den von Bismarck schikanierten und verfolgten Sozialisten. Den Juden und Kommunisten, die vor Hitler flohen. Herüber kamen Hugenotten, Jakobiner, Rußlandauswanderer. Wer die Grenze überschritt, überschritt immer schon die eigenen Begrenztheiten. Der Staatsbürger wurde ein Stück Mensch, indem er zum Weltbürger wurde. Mit Grenzen kann man leben, wenn man fähig ist, sie zu überschreiten. Die europhilen Schlagbaumstürmer mögen uns sympathisch sein.

Hat aber nicht der jenseits der Grenze ein Stück weit das Recht, anders zu sein als wir? Und wollen nicht auch wir die bleiben, die wir sind?

Germain Muller

Kehler Skizzen und Erinnerungen

Sie sagen Kehl, wir sagen Kähl. Die Grenze des Umlautes liegt genau mitten auf dem Strom. Da stand früher eine unsichtbare Mauer, ein Hindernis, das mein Vater, seit 1918, nicht mehr überwinden konnte. Und die Brücke, ein paar mal abgebrannt, demontiert oder gesprengt.

Brückenbauer werden müd
Brückenbauer schlafen ein
und der Fluß fließt weiter trüb
alle Pfeiler fielen ein

Wir gingen dennoch oft am Rhein spazieren.
Papa,
sagte ich zu ihm, meinem armen Vater, der außer dem Eisernen Kreuz nur eine latente Rückfälligkeit einer 1917 in Rumänien erwischten Typhus-Krankheit nach dem Ersten Weltkrieg mit nach Hause brachte,
Papa,
und als er 1919 in seiner abgepelzten Feldgrauuniform in das seit dem Spätsommer 1914 von den Franzosen befreite Bergdorf am Fuße vom Hartmannsweilerkopf zurückkehrte, kam er sich wie ein Scham-Objekt vor. War sein Vater nicht inzwischen zum „Monsieur le Maire", französischen Bürgermeister, von Ranspach ernannt worden! Die Tricolore-Gerbe über seinem Spitzbauch stand ihm so gut. Er gehörte zu den Siegern und keiner durfte an seinen patriotischen Gefühlen zweifeln. Sein Sohn galt seit 1916 als vermißt. Wahrscheinlich hatte der Junge zum Feind überlaufen wollen und wurde auf der Flucht erschossen, meinte der Maire-Vater. Und nun stand der Vermißte plötzlich da ohne Genickschuß und Fleischwundennarben.

„Wie ein Hund in einem Kegelspiel" kam Papa sich damals vor und er wurde sein Leben lang den Gedanken nicht los, daß seine „Wiederauferstehung" dem Vater irgendwie ungelegen kam. Aber vielleicht wurde er gerade dieser Frustration wegen der beste Vater, den es jemals gab. In Wirklichkeit prallten da wieder einmal zwei Sorten von elsässischen Komplexen aufeinander.

Inzwischen war mein Großvater gestorben und Papa hatte einen Sohn und eine Tochter, die in der Schule lernten, daß sie sich zu den Siegern eines Krieges zählen durften, den ihr Vater verloren hatte. Er ließ uns in diesem Glauben und seine Autorität in diesem Gebiet beschränkte sich auf ein absolutes Verbot, mit Kanonen, Flinten und Kriegswaffenmodellen jeder Art zu spielen. Sein Schildwort war: Nie wieder Krieg. Die Zusammenhänge zwischen seiner anti-militaristischen Einstellung und dem Überqueren der Kehler Brücke sind mir heute noch nicht klar. Es könnte sein, er hätte sich nach 1919 ganz in seine elsässische Schale zurückgezogen; denn er begab sich auch nur dienstlich und ungern auf die andere Seite der Vogesen.
Papa,
sagte ich also,
– Warum umgehen wir jedesmal diese Brücke?
– Ja, do isch d'Grenz, sagte er und meinte wahrscheinlich die Stelle an der sich die Schnecke für den Winterschlaf zuschleimt.

Ganz anders meine liebe Marraine Marthe, lebensbejahend und nach allen Seiten offen. Komplexlos benützte sie ab 1934 die günstigen Traveller

Checks (eine Mark für 50 Pfennig), welche Dr. Schacht dem Ausland anbot, um Devisen zu kapern. So verbrachte Tante Marthe ihre Wochenenden im Gasthof Bären in Oberharmersbach und hatte sich nebenbei auf Im- und Export von Hitlerwitzen spezialisiert. Auch meine Kommunikantenuhr wurde mit Traveller Checks bezahlt. Und daher kam ich endlich mit 14 über die Brücke, um eine Uhr zu kaufen, die ich eigens über die Brücke schmuggeln durfte. Ehrlich gesagt, die alte Hauptstraße hatte damals ebenso wenig Reize wie die nach 1945 wiederaufgebauten Fassaden. Kahl, sauber, nüchterndeutsch, Schlußpunkt.

Erst viel später, vor ca. 15 Jahren, ging ich eines Mittags den verborgenen Reizen unseres Schwesterstädtchens auf die Spur. Und ich entdeckte sie dann auch. Im alten Dorf und im Uferviertel fand ich sogar viel retro-Charme aus der guten alten Zeit, gewissermaßen ein erhaltenes Pendant zu dem, was für uns der Fünfzehner Woerth früher einmal war.

Da findet man sie aber nicht, die Straßburger Rentner und Rentnerinnen, die, wer wird es ihnen verübeln, ein- oder zweimal in der Woche auf der anderen Seite des Rheins ein Echo ihrer Jugend suchen. Sie werden zwangsläufig immer weniger, die in den Kehler Wirtschaften behaupten, schon vor 14/18 hier an diesem Tische gesessen zu haben, und sich noch genau daran erinnern, daß sich die Straßburger Hauptmann-von-Köpenick-Geschichte am Faschingsmontag, teilweise unweit von hier in der Blume abgespielt hat.

Einer weiß noch, daß man hier, nach 1919, ein Wiener Schnitzel „numéro Pfiff" gegessen hat, Bratkartoffeln und Salat für 2 Mark 40.
– Ja, aber die Tunke... wenn nur nicht die vielen Tunken gewesen wären, am Fleisch und am Salat auch!

In den fünfziger Jahren, weiß ein anderer, war die Esserei fast noch günstiger und ohne Tunke!
– Kein Wunder, der Chef hatte im Elsaß gelernt.
– Doch, man muß es sagen, die französische Küche hatte hier an der Grenze wenigstens seit 30 Jahren einen sehr wohltuenden Einfluß ausgeübt.
– Jetzt han sie ken Schwowekiche meh!
– Un dess han ihr uns Elsässer ze verdanke!
– Blast euch ja nicht so auf, ihr Straßburger!, widerspricht ein deutscher Pensionär. Wir in Kehl waren damals unter Ludwig XIV. vor euch französisch!

Kehl vor Straßburg französisch? Das kauft ihm keiner ab!
– Aber was soll es... – Mir woelle ken Händel. – Redde mer liewer uewer ebs anders.

Und dann sprechen die Rentner über die Renten und vergleichen Vorteile und Nachteile, hüben und drüben. Das kann Stunden dauern.

Wir ziehen mit unserem Skizzenblock weiter.

Am Oberrhein

Vous permettez, Madame?

Eine Dame allein mit einem Pudel, so vornehm gekleidet, daß sie bestimmt keinen alemannischen Dialekt versteht. Übrigens kenne ich diese Dame schon lange. Ihr inzwischen angetrauter Geliebter ist ein hoher Beamter der Straßburger Hafenverwaltung. Was sucht sie wohl hier, an einem Wochentag, in einem Kehler Gasthaus? Sie spannt mich nicht länger auf die Folter.

– De l'eau! Wasser für Coco!, (so heißt das lockige Tier), il a une soif terrible.

Darum ist sie hier eingekehrt. Tatsächlich lutscht er unter dem Tisch. Der Dame ihr savoir-vivre hatte ihr befohlen, pro forma einen Café zu bestellen. Aber sie läßt ihn stehen, denn sie glaubt zu wissen:

– Le café en Allemagne est toujours dégoutant, ne trouvez-vous pas?

Sie läßt es nicht einmal auf einen Versuch ankommen. Warum sie wohl zweimal in der Woche nach Kehl kommt?

Ganz einfach wegen der Luft. Sie führt ihren Liebling spazieren.

– Die Luft hier ist so viel besser als in Straßburg und Coco braucht gute Luft. Er atmet hier ganz anders, viel leichter, aber jedesmal trocknet ihn der Kehler Sauerstoff so schrecklich aus. Jetzt muß er schon wieder Pipi!

Coco zieht an der Leine.

– Au revoir, mon Cher!

Verschieben wir unseren Stuhl noch einmal und spitzen wir die Ohren. In Richtung eines jungen Pärchens. Sind es Straßburger oder Innenfranzosen? Ihr Accent läßt das nicht erkennen.

– Mais, je t'assure, ma vieille, sagt er zu der jungen Frau, que c'est une affaire. Même si je dois payer la TVA.

Hier geht es um ein japanisches Fotogerät, das trotz der unterschiedlichen Mehrwertsteuer, die er hier am Zoll zu entrichten hätte, günstiger ist als in Frankreich. Sie findet diese Ausgabe einfach nicht „raisonnable". Er reagiert wie ein enttäuschter Jüngling.

– Oh, toi, tu es un rabat-joie!

Die Spielverderberin läßt sich aber auf diese kindliche Erpressung nicht ein. Ihr „non, mon chéri" ist zwar zart, aber endgültig.

– Bon d'accord, sagt er, scheinbar resigniert, alors achetons le Talk-Man. Obwohl er das Modell mit zwei Kopfhörern vorgeschlagen hat, will sie trotzdem nicht. Dann schwenkt der Kaufwütige auf einen Mixer, dann einen Toaster und schließlich auf einen Rasierapparat um.

– Non, mon chéri, non, non; non et non!

Sie zahlen die zwei Cokes, erheben sich vom Tisch. Er ist 1,80 und sie 1,50 groß. Aber Männer werden doch nie ausgewachsen.

Schichtwechsel beim Personal.

– Darf ich mal einkassieren? Meine Kollegin wird Sie weiter bedienen. Zahlen Sie den Kaffee von der Dame?

– Natürlich, ich entschuldige sie, sie mußte ganz plötzlich weg.

Die Rentner bestellen eine Runde Schnaps. Sie scheinen sich geeinigt zu haben. Und dann „Fische und Vögel sollten sich nicht darüber streiten, ob es in der Luft oder im Wasser am besten zu leben ist". Prosit, Gesundheit.

Die neue Bedienung ist eine Elsässerin. Sie scheint mich zu kennen.

– Sind Sie ganz allein?

– Ja, ich hab de Papa driwwe gelonn!

Heute bau ich eine Brücke
von dir zu mir
eine Brücke ohne Lücke
diesmal wünsch ich mir
hinter Zollbeamten Rücken
schlagen Menschen wieder Brücken
Darum bau ich eine Brücke
von dir zu mir

Fähre Plittersdorf

Bei Wintersdorf

Literaturverzeichnis

Ackermann, Hans Walter: „Große Flüchtlingswellen", in Hermann Riedel: „Halt! Schweizer Grenze!", Konstanz (Verlag des Südkurier) 1983

Ebeling, Hermann: „Ganz kleiner Grenzverkehr", in TRIO – Rheinisches Magazin Nr. 2, Kehl (N. P. Engel Verlag) 1981

Fehr, Hans Otto: „Das Debakel um die Säckinger Rheinbrücke", Badische Zeitung vom 11. Oktober 1990

Huber, Emil: „Verbotene Schriften im Fahrrad geschmuggelt", in Manfred Bosch: „Als die Freiheit unterging", Konstanz (Verlag des Südkurier) 1985

Huber, Heinz G.: „Die Rastatter Rheinaue", in Allmende Nr. 15, Bühl-Moos (Elster Verlag)

Jean: „Der Piratensender", in „Erdchroniken 1", Freiburg (dreisam-verlag) 1977

Jung, Markus Manfred: „november 86", in „halbwertsziit", Waldkircher Verlag 1989

Kinder, Hermann: „Herr Schwyzer im kleinen Grenzverkehr", in „Fremd. Daheim.", Eggingen (Edition Isele) 1988

Klein, Gebhard: „Breisach – Inbegriff der Kriegsleiden", Breisach 1980 (der übernommene Text aus diesem Buch wurde an einigen Stellen gekürzt)

Knaup, Horand und Forter, Martin: „Regio als Giftmüllkippe der Chemie", Badische Zeitung vom 21. Dezember 1989

Maier, Edgar und Mutter, Hubert: „Die Fasnachtstage in Laufenburg", in „Fasnacht Laufenburg", herausgegeben von der Narro-Alt-Fischerzunft beider Laufenburg, Laufenburg 1985

Meier Josef und Gerteis, Georg: „Die Narro-Alt-Fischerzunft 1386 Laufenburg", in „Fasnacht Laufenburg", herausgegeben von der Narro-Alt-Fischerzunft beider Laufenburg, Laufenburg 1985

Müller-Ettikon, Emil: „Über das Dorf Kadelburg und seine Vergangenheit", Kadelburg 1964

Muller, Germain: „Kehler Skizzen und Erinnerungen", in TRIO – Rheinisches Magazin Nr. 3, Kehl (N. P. Engel Verlag) 1981

Muschg, Adolf: „Alle Mannen, alle?", in Allmende Nr. 1, Sigmaringen (Thorbecke Verlag) 1981

Raggenbass, Otto: „Trotz Stacheldraht", Konstanz (Verlag des Südkurier) 1985

Rieple, Max: „Rösselsprünge am Hochrhein", Stuttgart (Stähle + Friedel Verlagsgesellschaft) 1976

Schäfer, Toni: „Das Miteinander gelernt",
Badische Zeitung, Sonderbeilage „Regio '90"
vom 17. November 1989

Schickele, René: „Die Grenze",
in Werke in drei Bänden, 3. Band,
Köln/Berlin (Kiepenheuer & Witsch) 1959

Schickele, René: „Vive l'Alsace",
in Werke in drei Bänden, 1. Band,
Köln/Berlin (Kiepenheuer & Witsch) 1959

Schmidt-Abels, Georg: „Südwestwind –
Erkundungen in Freiburg und im Breisgau",
Freiburg (Kehrer Verlag) 1989

Spörlin, Margaretha: „Eine Rheinfahrt um 1800",
zitiert nach Winfried Studer: „Neuenburg am
Rhein", Freiburg (Schönbergverlag) 1985

Wink-Schneeberger, Hans: „Ein Fährmann erzählt",
in „Im Rückspiegel – Frauen und Männer
aus dem Zurzibiet erzählen von früher",
herausgegeben von Pro Senectute, Zurzach 1988

Ziegler, Hilde: „Während der Verlobung wirft einer
einen Hering an die Decke",
Basel (Lenos Verlag) 1988

Schiltigheim
Kehl
Straßburg
Molsheim
Schirmeck
Rosheim
Offenburg
Obernai
Kinzig
Barr
Lahr
Rhinau
Haslach
Sélestat
Schlettstadt
Rhein-
hausen
Ste. Marie-
aux Mines
Ribeauville
Elzach
Riquewihr
Sasbach
Emmen-
dingen
Burkheim
KAISERSTUHL
Colmar
Breisach
FREIBURG